MANUAL PRÁCTICO PARA CONSEJERÍA JUVENIL

ESTEBAN BORGHETTI

PATTY MARROQUÍN

ESTEBAN OBANDO

La misión de Editorial Vida es ser la compañía líder en comunicación cristiana que satisfaga las necesidades de las personas, con recursos cuyo contenido glorifique a Jesucristo y promueva principios bíblicos.

MANUAL PRÁCTICO PARA CONSEJERÍA JUVENIL
Edición en español publicada por
Editorial Vida – 2010
Miami, Florida

Edición: *Madeline Díaz*
Diseño interior y adaptación de cubierta: *Josué Mercado* • *www.jmvdesigns.com*
Diseño de cubierta: *Eli Samuel Santa*

ISBN: 978-0-8297-5741-5

CATEGORÍA: Ministerio cristiano/ Juventud

IMPRESO EN ESTADOS UNIDOS DE AMÉRICA
PRINTED IN THE UNITED STATES OF AMERICA

11 12 13 14 ❖ 7 6 5 4 3 2

CONTENIDO

PRIMERA ★ PARTE:
ACONSEJANDO A LOS ★ ADOLESCENTES

¿POR QUÉ ESCRIBIR OTRO LIBRO?

Por Esteban Obando

Objetivos del capítulo:

1. Entender la necesidad tan grande que existe de líderes juveniles que se preparen y puedan guiar a otros jóvenes de una manera responsable y eficaz.
2. Darnos cuenta de que la consejería trasciende el tiempo y el espacio, así como de que independientemente de tu contexto o situación, tus jóvenes necesitan tu ayuda.
3. Aceptar nuestro papel como consejeros dentro de nuestro entorno. De esta forma podremos capacitarnos para ser más eficientes en el mundo cambiante en el que nuestros jóvenes viven.

Entendemos la necesidad que como líderes juveniles enfrentamos. Entendemos que muchas veces nos vemos acorralados entre nuestra posición de liderazgo y nuestra comprensión de la problemática de los adolescentes. Entendemos además tu deseo de ser pertinente a tu grupo juvenil. Y finalmente, entendemos que los programas y las actividades no siempre funcionan si nuestros chicos están padeciendo situaciones difíciles, las cuales no podemos abordar y mucho menos resolver.

Ese entendimiento nos ha motivado a escribir este manual. No pretendemos ser exhaustivos en cuanto al tema, pero sí queremos que este libro te ayude como una guía a la cual acudir una y otra vez. No deseamos que olvides este libro en un estante junto con muchos otros que ya has leído. Queremos que se convierta en un manual efectivo que te ayude a enfrentar mucho de lo que tus chicos están viviendo.

Somos líderes de jóvenes como tú: aprendiendo, fallando, levantándonos y aprendiendo un poco más. Somos tus colegas en la batalla, los cuales quieren entregarte armas que te ayuden a salir victorioso en tu labor.

Queremos que este libro abra tus ojos a la necesidad tan profunda que tenemos de preparación, y que esto te motive a profundizar aun más en la consejería como una de las formas más efectivas para dar a conocer a Jesucristo y su plan para esta humanidad.

Cada día que pasa los problemas se agravan, las consecuencias aumentan y las vidas se ven afectadas por muchas condiciones. Los jóvenes de este tiempo distan mucho de padecer lo que algunos padecimos hace muchos años. Las situaciones a las que se enfrenta esta generación son muy distintas a las que enfrentó la generación de sus padres.

En muchos hogares el clima no es el mejor para abordar los problemas. El joven va entonces a la escuela, donde en muchas ocasiones el consejo es peor que el problema. Es ahí donde la iglesia tiene que dar un paso al frente y ser una voz que guíe, aconseje, acompañe y advierta.

La consejería no es un tema más para escribir un libro. La consejería es una ciencia y un arte que deben aprender todos los días aquellos que queremos ser de influencia positiva para los que Dios ha puesto bajo nuestra guía.

Nuestros jóvenes están tomando las decisiones más importantes de la vida, y es en este tiempo —uno como nunca existió y nunca existirá— que necesitan pastores y líderes que los tomen de la mano y se preparen para aconsejarlos. Las decisiones que hoy se están tomando afectarán de una manera poderosa el futuro de tus jóvenes.

Trabajar con adolescentes y jóvenes nunca ha sido una tarea fácil. Sin embargo, sabemos que Dios ha permitido que de una u otra manera formes parte de su ministerio y tengas a sus ovejas bajo tu cuidado. Queremos exhortarte a que pienses en la gran responsabilidad que tienes en tus manos, pero también en la gran oportunidad que Dios te ha dado. Creemos que podemos llegar a ser consejeros capacitados e influyentes. Creemos que tienes el potencial para convertirte en una guía y un ejemplo para tus jóvenes.

¿Me llamó Dios al ministerio de consejería?

Corría el año 930 a. C. cuando un líder joven se enfrentó a una decisión muy difícil. Por ley, él debía de asumir el cargo que su padre había tenido; y el reino que le había dejado no era el más prometedor. La historia nos cuenta cómo este líder tuvo que enfrentar a todo un país que le exigía justicia y libertad. El eco del clamor del pueblo aún retumbaba en sus oídos: «¡Disminuye la esclavitud y la carga tan pesada y prometemos obedecerte!».

Decisiones de esa clase no se toman a la ligera, por lo que el joven líder pidió un plazo a fin de pensar y dar una respuesta sensata. Su primer impulso fue consultar a los consejeros que habían servido bajo el gobierno de su difunto padre, y la respuesta de ellos no se hizo esperar. «Haz como el pueblo te ha pedido, sé benevolente con ellos. Elimina un poco de la carga que soportan».

Insatisfecho con esta respuesta, buscó a otros consejeros. Jóvenes con un gran ímpetu, pero con una gran falta de experiencia y sabiduría. El consejo no pudo ser más opuesto al que había escuchado de los ancianos. «Eres el rey y no debes ceder ni un paso ante las exigencias de la gente. Debes poner más carga sobre ellos y que reconozcan quién eres».

La Biblia nos enseña cómo Roboán, el hijo de Salomón —el más sabio entre los sabios— no acató el buen consejo, sino que castigó con mano dura al pueblo de Israel (1 Reyes 12:1-19). Después de este incidente, la nación judía entraría en una crisis de la cual nunca se repondría. El pueblo se rebeló y la nación se dividió. Desde ese momento, la una vez próspera y victoriosa nación escogida se vería separada en dos grandes bloques: Israel en el norte y Judá en el sur.

Es increíble ver cómo la decisión de un líder joven afectaría a millones de personas durante su reinado y durante muchos años después que él mismo muriera. El consejo no acatado trajo consecuencias funestas para miles de personas que se vieron afectadas por conflictos internos y reinados vergonzosos.

¿Te parece que la consejería es un tema nuevo? ¡Tiene miles de años de ser parte de la vida de la humanidad y aún no entendemos del todo de qué se trata!

Ya desde Génesis, allá en el capítulo dos, nos encontramos a Dios mismo dándole instrucciones a Adán sobre cuál debía ser su conducta. Más adelante aparece la serpiente ofreciendo también su punto de vista, y una vez más el ser humano toma malas decisiones.

En los tiempos de Jesucristo vemos a Nicodemo, todo un doctor y estudioso de la Biblia, buscando en secreto la dirección y la sabiduría de Jesús (Juan 3). Y aun años después el apóstol Pablo escribe dos cartas donde le brinda dirección a Timoteo.

¿Me llamó Dios al ministerio de consejería? Podría responderte con otra pregunta: ¿Te llamó Dios a ser de influencia y bendecir a otros con tu vida? La respuesta a esta segunda pregunta es congruente con la respuesta a la primera. ¡No hay escapatoria! Si eres un hijo de Dios, tienes un llamado puntual y claro a ser luz y sal en el mundo. A ser de bendición para los demás y hablar la palabra buena para la necesaria edificación, a fin de ofrecerles la gracia a los que te escuchen (Efesios 4).

La pregunta entonces cambia radicalmente. ¿Estás en capacidad para hacerle frente a la tarea que Dios ya ha depositado en tus manos? De eso se trata este libro.

Nos daremos cuenta de la cantidad de situaciones que pueden tocar a tu puerta esperando una respuesta, así como del potencial —para bien o para mal— que tu respuesta va a tener en estas situaciones. Vamos a encontrarnos con jóvenes deseosos de hablar de sus pecados y problemas, pero subyugados por una cultura que no acepta —en la práctica al menos— que exterioricemos nuestro secretos más íntimos, profundos y vergonzosos. Nos referimos a la cultura cristiana.

Déjame explicarlo con un ejemplo

La confesión de pecados es una de las disciplinas cristianas que la iglesia evangélica ha dejado a un lado por siglos. Dentro de nuestra Latinoamérica tradicional, la iglesia cristiana ha antagonizado con la católica, al punto de desechar todo lo que ella hace. Parece ser que algunos sectores de nuestra iglesia se enfocaron en aquellas cosas que la iglesia católica hacía para entonces practicar lo opuesto. Nos olvidamos de que en lo que se refiere a temas de fe y vida cristiana, nuestra autoridad final es la Biblia. La iglesia cristiana reaccionó opuestamente a cualquier cosa que proviniera de la iglesia católica. Esto sin duda alguna nos ha librado de muchas cosas que entendemos que no debemos hacer, pero a la vez ha hecho que dejemos a un lado muchas otras que podrían traer bendición a nuestra vida. Entre ellas la confesión de pecados. El principio bíblico no ha cambiado: «*Confiésense unos a otros sus pecados, y oren unos por otros*» (Santiago 5:16). Evidentemente no vamos a generalizar y referirnos a toda la iglesia de Jesucristo en el continente, pero sin duda alguna una buena parte de ella ha caído en esta conducta.

Para muchos la sola idea de desnudar tu alma ante algún cura o padre es motivo de duda, vergüenza o hasta ira. «¿Cómo voy a contarles mis pecados a otro pecador igual que yo?», suelo escuchar. Parece ser que nunca vimos o estudiamos Santiago 5:16. Parece ser que muchos creen que esta práctica fue inventada por una institución a fin de mantener el control de las cosas, obviando el principio que Dios establecía miles de años antes con el fin de cuidarnos y hacer más sencillo nuestro caminar por esta tierra.

Nuestros jóvenes siguen necesitando oídos que los escuchen y entiendan a pesar de la gran negativa generalizada a callar lo que nos sucede. Los adolescentes de nuestros países continúan en una búsqueda de relaciones significativas. Personas que puedan darle respuesta a sus crisis de identidad y sus conflictos en casa, y solución a sus luchas espirituales. Personas que no les juzguen por lo que hacen, sino que les den una palabra sabia de aliento y dirección.

Esa persona eres tú.

¿Soy el más indicado?

La respuesta es clara, inmediata y directa: ¡No, no lo eres! Entonces, ¿por qué molestarme?

Si esperas a tener todas las condiciones necesarias e ideales para empezar esta labor, te harás viejo, y las oportunidades pasarán antes tus ojos sin que puedas hacer nada al respecto.

La Biblia dice: «*Quien vigila al viento, no siembra; quien contempla las nubes, no cosecha*» (Eclesiastés 11:4). Esto quiere decir que si esperas a tener la preparación necesaria para aconsejar, es muy probable que nunca te sientas adecuado para el trabajo.

Con esto no estamos sugiriendo que tomemos todo como venga. Este libro fue escrito justamente para que podamos contar con un material que nos ayude a evacuar muchas dudas y a instruir de forma adecuada a esta generación por la cual Dios nos ha dado una gran pasión.

Algunas personas han creado un «aura mística» con relación a aquellos que trabajan aconsejando, como si tuvieran un contrato de exclusividad con el Espíritu Santo. La buena noticia es que no es así. Podemos llegar a ser consejeros de calidad y guías en medio de este mundo tan convulso y necesitado. Dios ya ha puesto en ti la capacidad de prepararte, abrir tu corazón, boca y oídos, y bendecir a otros.

Para mis colegas pastores

Tradicionalmente hemos visto a la iglesia con una figura pastoral centralizada. A menos que se oficialice a alguien, esta persona no es pastor o consejero. Hoy me atrevo a plantear una tesis que podría causar malestar o controversia en muchos círculos. Es urgente que descentralicemos la figura pastoral y les demos a los líderes la posibilidad de ser también pastores de los jóvenes. La carga se hace muy pesada para llevarla solos. Ojalá no nos encontremos un día cansados y desgastados en nuestros ministerios, recordando el consejo que Jetro le daba a Moisés varios miles de años atrás: «*¡Pero qué es lo que haces con esta gente! ¿Cómo es que sólo tú te sientas, mientras todo este pueblo se queda de pie ante ti desde la mañana hasta la noche? [...] No está bien lo que estás haciendo —le respondió su suegro—, pues te cansas tú y se cansa la gente que te acompaña. La tarea es demasiado pesada para ti; no la puedes desempeñar tú solo. Oye bien el consejo que voy a darte, y que Dios te ayude. Tú debes representar al pueblo ante Dios y presentarle los problemas que ellos tienen. A ellos los debes instruir en las leyes y en las enseñanzas de Dios, y darles a conocer la conducta que deben llevar y las obligaciones que deben cumplir. Elige tú mismo entre el* *pueblo hombres capaces y temerosos de Dios, que amen la verdad y aborrezcan las ganancias mal habidas, y desígnalos jefes de mil, de cien, de cincuenta y de diez personas. Serán ellos los que funjan como jueces de tiempo completo, atendiendo los casos sencillos, y los casos difíciles te los traerán a ti. Eso te aligerará la carga, porque te ayudarán a llevarla. Si pones esto en práctica y Dios así te lo ordena, podrás aguantar; el pueblo, por su parte, se irá a casa satisfecho»* (Éxodo 18:14-23).

Los líderes juveniles apasionados no reciben salario, no reciben reconocimiento, y tristemente en muchos casos ni siquiera se les da espacio para el pastoreo. Los pastores (no todos, por supuesto) hemos caído en un rol administrativo. Podemos llamarnos maestros o predicadores, pero el pastoreo es más profundo y vital. Es por eso que debemos dejar que los santos lleven a cabo el ministerio que Dios quiere que hagan (véase Efesios 4:12).

Es importante que les demos espacio a fin de que aconsejen, escuchen y sean un apoyo para nuestros jóvenes, sin el miedo o la inseguridad de que estaremos perdiendo terreno en la iglesia. Un liderazgo adecuado encuentra a las personas idóneas y las coloca en los puestos idóneos (independientemente de si esa persona no es el pastor oficial). Debemos tener la capacidad y la humildad para reconocer que hay líderes que no poseen nuestra experiencia, o incluso nuestros estudios, a los cuales Dios les ha dado una capacidad especial para ser pastores y consejeros de sus jóvenes.

Mi propuesta no es que entreguemos todo y nos deshagamos de nuestra responsabilidad. Mi propuesta es capacitar a las personas y fortalecerlas para que el ministerio —en este caso el de consejería— sea más amplio que solo unos minutos a la semana con el pastor.

Soy pastor oficial de una iglesia y sé lo que esto puede generar en nuestros sentimientos, pero debemos recordar constantemente la responsabilidad que se nos ha entregado de administrar de manera adecuada el tesoro más preciado de nuestro Dios: su iglesia. Para eso tenemos entonces que darles el espacio y el entrenamiento preciso a nuestros líderes juveniles, a fin de que vayan hombro a hombro con nosotros en la labor pastoral.

Un autor propone en resumen la función principal de los pastores: «Debemos enfocarnos en capacitar a los santos y ponerlos en los lugares donde sean más efectivos, de acuerdo a sus capacidades y dones». Es tiempo de que veas a tus líderes como aliados para bendecir a otros jóvenes. Somos un cuerpo y hay cosas que tus chicos tienen que tú ya no posees, y hay oportunidades y puertas que se les abren que tal vez a ti no se te abrirán. ¡Y no hay ningún problema en eso! Suma esfuerzos con ellos y dales espacio para que otros jóvenes se les acerquen sin que tengan que pasar por ti. Entrénalos y hazte a un lado, confía y trabaja en equipo. Desde luego, mantente responsable en la delegación de funciones, pero no trabajes solo.

No seamos inseguros y aceptemos la realidad de que Dios también les ha dado dones a otros. Puede que sean menores, más inexpertos, con fallas, o incluso necesitados de consejo. Sin embargo, a fin de cuentas, ¿quién no lo es? Todos estamos en ese proceso, y todos necesitamos oportunidades para desarrollarnos ministerialmente.

Así que ánimo pastores, compartamos la carga y sigamos caminando.

CAPÍTULO 2

ESA EXTRAÑA ESPECIE QUE LLAMAMOS ADOLESCENTES

Por Esteban Obando

Objetivos del capítulo:
1. Entender las características que tienen aquellas personas que son muy influyentes, basándonos en el ejemplo de Jesucristo.
2. Conocer los cambios que los adolescentes están experimentando a fin de comprenderlos mejor.
3. Ser conscientes de las consecuencias que estos cambios ocasionan en nuestros jóvenes para planear una estrategia de ayuda.

A estas alturas, esperamos que entiendas que nuestra labor es importante y determinante. Debemos detenernos un momento y recordar el «producto» con el cual estamos trabajando: las personas. No hay ni habrá algo más importante dentro de nuestro ministerio. Es por eso que resulta tan vital conocer con quiénes trabajamos. Evidentemente, debemos llevar a cabo un acercamiento con cada uno de nuestros jóvenes, pero para ser más efectivos en esto necesitamos conocer las generalidades propias de esa extraña especie que llamamos adolescentes.

Este capítulo trata justo de eso

Todo buen consejero se toma el tiempo para planear una estrategia. Gran parte de esta estrategia responde a la pregunta: ¿Cómo ser de mayor influencia con las personas a las que escucho y aconsejo? Si podemos responder adecuadamente esta pregunta, tendremos mucho terreno ganado.

La mayor influencia de la humanidad

Algunas cosas han generado un vuelco en la humanidad tal cual y como la conocemos. Entre ellas podemos señalar el descubrimiento de la rueda, el control del fuego, el trabajo con metales, el descubrimiento del cemento, el bombillo incandescente, la producción en serie, la televisión, la computadora y la Internet.

Cada una de estas cosas han generado hitos en el desarrollo humano y sin duda alguna todos nos hemos visto beneficiados por ellas. Si hablamos en materia de personas, podremos mencionar a filósofos, maestros, deportistas, actores, presidentes y revolucionarios.

Sin embargo, el ser humano nunca vio mayor influencia que la manifestada por una persona histórica: Jesucristo. Esto nos lleva a plantearnos otra pregunta determinante: ¿Por qué Jesucristo tenía gente que lo seguía?

Jesús entendía que lo más importante de un consejero era la habilidad de tratar a las personas. El maestro sabía que la consejería significa empatía (hablaremos de esto más adelante en el libro). La consejería significa relación. El consejero es un líder, una guía, una influencia. Menciono esto porque aún me encuentro con personas que creen que por saber mucho de la materia, tienen el problema resuelto. Saber qué decir es solo la mitad de nuestro trabajo.

En el proceso de consejería debemos aprender a desarrollar las relaciones. Lo que distingue al cristianismo de todas las religiones del mundo es que está centrado en las relaciones. Jesucristo nos enseñó a amar al Señor con todo nuestro corazón, mente, alma y fuerza (una relación vertical) y a nuestro prójimo como a nosotros mismos (una relación horizontal). Es por eso que no podemos dejar a un lado este principio tan importante.

La vida completa de Jesús es un reflejo de esto que estamos diciendo. Si bien su ministerio afectó a millones de personas, su marco de influencia inmediato incluyó solo a unos pocos. La Biblia nos habla de las multitudes (Mateo 19:2), pero también dirige nuestra atención a los setenta que fueron designados (Lucas 10). Sus discípulos fueron solo doce (Mateo 10:1), y aun dentro de los doce tenía un selecto grupo más cercano (Mateo 17:1; Marcos 1:29; 5:37; 9:2; 14:33; Lucas 8:51; 9:28).

¿Por qué una persona como Jesús —Dios mismo— se enfocó tanto tiempo en unos pocos habiendo podido capacitar a más de doce? Creo que la respuesta a esto no se relaciona con él mismo, sino con las personas que estuvieron a su lado. El tiempo de calidad y atención dentro del ministerio es muy importante para la efectividad del mismo. Es por eso que mencionamos en el capítulo anterior la urgencia de descentralizar de una manera responsable el pastoreo local como lo hemos conceptualizado.

Relaciones, relaciones, relaciones.
No te canses de sembrar en esto

No les estoy hablando a ministros que van de iglesia en iglesia y predican durante un momento y luego se van. Les hablo a líderes de jóvenes, padres y pastores que pasan mucho más tiempo con los chicos, tienen la capacidad de conocerlos, y en muchos casos son los únicos confidentes de esta generación. Necesitamos ser muy intencionales a la hora de sembrar en las relaciones. Me refiero a que no debemos pensar que las relaciones significativas se van a dar espontáneamente. Tenemos que trazar un plan para estrechar lazos con los jóvenes. Jesús lo hizo así. Vivió entre los discípulos, se tomó el tiempo para hablar de mucho más que solo la misión y el ministerio. La consejería de la cual te estamos hablando tiene como base fundamental las relaciones significativas.

El desarrollo evolutivo del adolescente

Este es un término que se utiliza para hablar de todas las nuevas experiencias que el adolescente está viviendo. Estas experiencias van a determinar —de una manera poderosa— la forma en que ellos piensan, actúan y se enfrentan a las diversas situaciones que llegan a su vida. Muchas de estas situaciones implicarán problemas, los cuales a lo largo del tiempo conducirán a tus chicos hacia ti. Por lo tanto, debemos conocer algunos aspectos importantes del desarrollo evolutivo del adolescente.

Algunos expertos hablan del final de la adolescencia entre los diecisiete y dieciocho años. La Organización Mundial de la Salud considera que la adolescencia culmina a los diecinueve años de edad. Sin embargo, estos rangos varían, ya que dependen estrechamente de ciertos factores sociales, culturales, biológicos y sicológicos que no siempre se dan de la misma manera. Por ejemplo, una chica de diecinueve años que tiene un bebé y trabaja para mantenerlo ya dejó de ser una adolescente y es una adulta joven. Mientras que un universitario de veintiséis, a punto de terminar su carrera, dependiente económicamente de sus padres y con las angustias de cómo y dónde trabajar cuando se gradúe, todavía está en un punto común a la juventud temprana. Los consejeros debemos saber con quién estamos hablando. No esperemos que la gente actúe solo por su edad, contemplemos también muchos otros factores y tratemos de mostrar empatía.

El cambio físico

Este es el cambio más evidente del adolescente. La adolescencia viene después de la pubertad, que es el punto en el que los cambios físicos llegan al máximo, marcados por las señales de madurez sexual, la cual se caracteriza en las niñas por la menarca (primera menstruación) y en los varones por la presencia de espermatozoides vivos. La adolescencia es entonces la etapa del desarrollo que sigue a la pubertad y en la que se producen una serie de cambios físicos y sicológicos. Saber esto es muy importante, ya que muchos de los problemas de los chicos surgen por su situación física. La misma palabra «adolescencia» proviene del latín adolechere, que literalmente significa «experimentar el dolor de crecer». Este proceso es doloroso y se precisa de la compañía de personas más maduras que el chico o la chica.

Los jóvenes y adultos tienden a ver esta etapa como un tiempo de inmadurez y baja autoestima. Recordemos que los consejeros efectivos se ponen en los zapatos de los aconsejados sin perder la perspectiva objetiva. Estas situaciones físicas afectan mucho a los adolescentes y debemos tomar el asunto con la seriedad que requiere. Debemos entender que el joven no está viendo la situación (ni tiene por qué hacerlo) desde nuestro punto de vista, sino desde el suyo propio.

Algunos cambios importantes de los que debemos ser conscientes son los siguientes:

★CHICOS	★CHICAS
★ Los hombros se ensanchan.	★ Ensanchamiento de la caja ósea pélvica y ampliación de las caderas.
★ Los músculos y huesos se desarrollan.	
★ Vello en la cara y el pecho.	★ Se define el contorno del rostro y el cuerpo.
★ Producción de espermatozoides vivos.	
★ Incremento del tamaño de los genitales.	★ Menarca (primera menstruación).
★ Sueños húmedos.	★ Agrandamiento de los pechos.
★ Cambio de voz.	★ Cambio de voz, pero menos notable.

★AMBOS

★ Crecimiento de las extremidades, los brazos y las piernas se alargan.

★ Crecimiento del vello corporal.

★ Aparición de vello púbico.

★ La piel cambia. Se vuelve más áspera, con mayor actividad de glándulas sebáceas, produciendo acné.

★ Desarrollo sexual casi completo. Sin embargo, este no está terminado aún, las chicas, por ejemplo, durante el primer año de menstruación son irregulares y muchas veces infértiles.

★ El cuerpo crece de manera no sincronizada, los órganos crecen a ritmos diferentes.

El pensamiento abstracto

En este tiempo de adolescencia, el joven experimenta un cambio severo en la forma en la que piensa. Esta «nueva forma» aumenta su capacidad para emitir juicios basados en una imaginación e intuición más amplia. Tal diferencia es muy evidente cuando comparamos a los adolescentes con los niños, que tienen un pensamiento muy concreto. Un niño promedio fundamenta lo que está bien y lo que está mal en el criterio de sus padres, sin poder criticar aún si estas instrucciones son las más adecuadas.

El joven ahora puede considerar las «posibilidades» y comparar la realidad con cosas que pudieran ser o no, a diferencia de los niños pequeños que se contentan con hechos concretos y observables. Los niños se caracterizan por las preguntas que usualmente hacen: ¿Por qué? No es hasta la adolescencia que esa pregunta tiende a cambia de forma: ¿Y por qué no? El marco se amplía y con él las posibilidades. Estas ahora son más cercanas y realizables.

El adolescente puede jugar ahora con algunas variables y combinar todas las conjeturas que quiera, sabiendo que ellas producirán diferentes resultados. Por eso en esta edad los padres muchas veces fallan al responder: «¡Porque en esta casa mando yo!». Esta expresión puede traernos recuerdos, pero ilustra muy bien una triste realidad. Sin irnos muy lejos y haciéndonos un poco de autocrítica, la iglesia muchas veces a caído en este esquema. No se nos permite cuestionar lo que alguien más a dicho, y en algunos casos usamos a la misma religión o espiritualidad para comprometer a las personas a la no crítica. Sobra decir que esto es totalmente contraproducente con los adolescentes. La crítica de los jóvenes, entonces, es válida e irrefutable.

Un aspecto dentro del desarrollo del adolescente, el cual el consejero debe entender, es el tema del contexto socioeconómico, cultural o académico. Todo esto influye grandemente en la cosmovisión que tienen nuestros chicos y por supuesto condiciona su manera de pensar. Durante el proceso de consejería uno debe ponerse en los zapatos del otro, aunque sin alterar nuestra forma de pensar. Es decir, tenemos que lograr una empatía con el aconsejado, pero manteniendo la objetividad, la experiencia y la sobriedad del consejero.

El desarrollo cognoscitivo e intelectual es un proceso que a los jóvenes les lleva tiempo aprender. Ellos están desarrollando la habilidad de expresar lo que piensan y algunos no van a saber cómo explicar a plenitud el problema que tienen. No es un asunto de no conocer el problema, sino de no saber cómo expresarlo. Por eso necesitamos tener paciencia y saber abordar la situación desde muchos ángulos hasta encontrar una manera con la que ellos puedan identificarse y que ilustre mejor su situación.

Los padres y el adolescente

La adolescencia es un período conflictivo. Esto afecta directamente al adolescente, pero también a toda su familia cercana. Es un tiempo de muchos cambios y transformaciones. Antes existía una estabilidad familiar que se vivía durante la niñez, la cual se ve ahora en peligro y comienza a desequilibrar al joven. Tal cosa genera conflictos y problemas que repercuten directamente en el seno familiar.

La sociedad y la cultura juegan un papel importante, ya que el adolescente está tratando de integrarse a ellas, adaptándose e iniciando una búsqueda de costumbres y concepciones del mundo que no siempre son las mismas que buscaron sus padres. Este es uno de los motivos de conflicto en la relación entre adolescentes y padres. En medio de este conflicto, claramente se ve la mentalidad «conservadora retrógrada» de los padres (según dicen los adolescentes) y la «libertina moderna» de los hijos (según afirman los padres). Tal cosa trae como consecuencia la discordia entre los valores de cada una de las partes.

Es por eso que en este tiempo la negociación se vuelve una palabra usual. Se trata de una nueva experiencia para todos. El hijo nunca tuvo esta oportunidad que ahora se plantea y los padres jamás tuvieron que lidiar con situaciones de «igualdad» con sus hijos. El adolescente necesita ser más independiente; los padres deben aprender a darle un trato más igualitario y el derecho a tener opiniones propias. Estas opiniones no siempre van a ser las mejores, pero se les debe dar espacio para expresarlas y discutirlas, ya que según las palabras de los mismos adolescentes: «Tenemos libertad de expresión y libertad de credo. Tenemos derecho a pensar como queramos, ya no somos niños».

Cuando ese conflicto no se resuelve en casa, muchos jóvenes acuden a alguna otra fuente, una que sí les entienda y esté dispuesta a escucharlos.

Ahí entras tú. ¿Estás listo? Continúa leyendo…

Los sentimientos y las relaciones

Terminamos este capítulo hablando de dos cosas diferentes, pero fuertemente relacionadas entre sí: los sentimientos de los adolescentes y su reacción ante tal situación.

Los jóvenes están pasando por un tiempo difícil en el que sus emociones varían muchísimo día a día. Es muy común ver a un chico emocionarse un día hasta casi explotar por algo y una semana más adelante sumirse en la depresión por un grano en la cara.

Las emociones de los jóvenes parecen montañas rusas, de modo que necesitan ser enrumbados adecuadamente. Sumado a esto, los padres, líderes y pastores de jóvenes queremos que ellos se adapten a nosotros en lugar de lo inverso. Es por eso que buscan personas que los entiendan y sepan en carne propia lo que están viviendo. Lastimosamente, las únicas personas que pueden entenderlos cien por ciento son otros adolescentes. De este modo, el círculo se cierra y no ganamos nada. Estas personas de influencia tienen iguales necesidades y la misma inmadurez que ellos, las cuales, por tener una carencia de relaciones estrechas y profundas, no tienen más alternativa que basar sus conclusiones en los que creen o lo que los medios les venden.

¡Esta montaña de emociones fue puesta ahí por Dios, que no se nos olvide eso nunca! Es parte del proceso de encontrarse e irse definiendo. La responsabilidad tuya y mía es la de acompañarlos, amarlos y modelarles ejemplos a seguir. Esto encierra una profunda reflexión, ya que la idea generalizada es que los jóvenes miran a los mayores como modelos arcaicos pasados de moda. Sin embargo, la realidad es que están buscando ejemplos a seguir. Ellos tienen la capacidad de ver más allá de las modas y mirar a lo profundo del corazón de un líder que esté dispuesto a amarlos.

Puede que a sus ojos seas el que se viste peor, no entiende sus bromas, no oye su música o no conoce su cultura, y aun así ser el modelo de sus vidas solo por estar dispuesto a entenderlos, a aprender cómo sienten y por qué, y a relacionarte con ellos a un nivel de amor incondicional.

Eso sin duda prepara un terreno fértil para la consejería. Eso te da bases para después hablarles con autoridad sin el temor de que no vuelvan. No hay forma de que nadie compita contigo cuando te has acercado de esa manera. En esta etapa no pretendas ser racional con ellos o que entiendan por qué actúan mal. Ni siquiera intentes decirles que lo que les sucede no es para tanto. ¡Muestra empatía! Ponte en sus zapatos, el problema es real, y a eso debes sumarle todo lo que están atravesando desde el punto de vista físico, emocional, sentimental, social y espiritual.

Tú tienes el potencial de convertirte en una voz mansa, propicia y autoritaria en medio de sus conflictos. Tienes el potencial de ser el mejor consejero para sus vidas.

CAPÍTULO 3

LA CONSEJERÍA, UN ROL QUE LOS LÍDERES JUVENILES ENFRENTAMOS

Por Patty Marroquín

Objetivos del capítulo:
1. Aprender y aceptar que Dios quiere que el líder juvenil esté capacitado para enfrentar el desafío de aconsejar.
2. Distinguir algunas cualidades y características de un consejero juvenil.
3. Conocer y descubrir algunos de los valores de la consejería juvenil efectiva.

Aconsejar, ¿yo?

• «Hola, ¿tienes un minuto? Estoy desesperada, no puedo hablar con mis padres ni mis amigos, y con el pastor, a la verdad, no tengo confianza. Necesito que alguien me escuche, siento que me voy a volver loca».
• «No sé qué me pasa, no duermo bien, no puedo estudiar, estoy desmotivado, no le encuentro sentido a la vida, tengo ganas de morirme».
• «He hecho de todo, he orado, conversé con ellos, pero no hay caso, el matrimonio de mis papás se viene al suelo y no sé qué hacer».

Conversaciones, correos electrónicos o llamadas telefónicas con asuntos similares son «el pan diario» en el ministerio juvenil. Probablemente no sabíamos ni habíamos considerado que para un líder juvenil la consejería iba a ser parte del «combo» o un rol que nos tocaría desempeñar.

Como líderes, somos referentes y consejeros para los chicos, y eso es bueno porque significa que somos dignos de su confianza. Puede que no tengamos la solución ni las respuestas a todos sus problemas, sin embargo, haremos lo posible por estar disponibles y escucharlos con real interés, incluso a aquellos con quienes no nos sentimos tan cercanos ni tenemos empatía.

No fuimos diseñados por Dios para vivir aislados, necesitamos personas dispuestas a escucharnos, a las que podamos abrirles nuestro corazón y nos ofrezcan un consejo sabio de parte Dios.

No son fáciles de encontrar, vivimos tiempos agitados, todo es rápido, cambiante. La gente anda tensa, cansada y preocupada por su metro cuadrado, así que no es raro entonces que cada día haya más personas que se sienten solas, faltas de cariño y sin un lugar al cual pertenecer.

La responsabilidad que tenemos en nuestras manos es grande y los que acuden a nosotros lo hacen porque necesitan ayuda, de modo que no podemos hacer oídos sordos o decirles unas cuantas palabritas de «buena onda». Necesitaremos invertir tiempo para conocerlos de un modo más profundo y amarlos.

Tal vez tanta responsabilidad te asuste, pero mantén la calma. Dios nos ha dado las herramientas necesarias para tenderle la mano a los que sufren, están descarriados o confundidos. Podemos ayudarlos a recuperar la fe en sí mismos, los que los rodean y Dios, el único capaz de sanar, restaurar y transformar nuestra vida.

Y lo haremos con el conocimiento y la autoridad que nos da su Palabra y echando mano de sus promesas. ¡Es tiempo de vivir la vida abundante hoy!

«Hijo mío, si haces tuyas mis palabras y atesoras mis mandamientos; si tu oído inclinas hacia la sabiduría y de corazón te entregas a la inteligencia; si llamas a la inteligencia y pides discernimiento; si la buscas como a la plata, como a un tesoro escondido, entonces comprenderás el temor del SEÑOR y hallarás el conocimiento de Dios» (Proverbios 2:1-5).

Pareciera ser algo obvio, sin embargo, no todos los chicos que asisten a nuestras iglesias o al grupo de jóvenes son cristianos. Algunos creen serlo por el simple hecho de asistir a una iglesia. Es importante que verifiquemos si solo saben mucho de Jesús o si en realidad lo conocen como Salvador y Señor, pues esto hará una gran diferencia.

Son muchos los jóvenes con problemas y pocos los consejeros...

Si crees que aconsejar es algo nuevo, pregúntale a Moisés. En un momento de su vida él tuvo que escuchar los problemas de mucha gente que lo agobió. Fue cuando su suegro le aconsejó: «No está bien lo que estás haciendo, no puedes seguir solo con esta tarea, es muy pesada y agotadora. Busca personas que te ayuden a hacerlo» (Éxodo 18:14-19, paráfrasis).

¿Qué cualidades o características debe poseer el consejero juvenil?

Ser dependiente de Dios

No estamos exentos de problemas ni pecados, por eso nuestra intimidad con Dios debe ser nuestra prioridad, no la podemos descuidar. Solemos estar «muy ocupados» estudiando, capacitándonos, buscando estrategias y herramientas para ser más eficaces en el ministerio, pero si no tenemos cuidado, podemos transformarnos en profesionales del ministerio juvenil… ¡trabajando como locos para la obra del Señor y dejando a un lado al Señor de la obra!

Necesitamos estar en el consejo de Dios y escuchar su palabra (véase Jeremías 23:18). Nuestras palabras pueden ser bien intencionadas y ayudar, pero es el poder de la Palabra y el Espíritu Santo quienes hacen la obra: «Oye ahora mi voz; yo te aconsejaré, y Dios estará contigo» (Éxodo 18:19, RVR 1960).

Estar enfocado en los jóvenes, no en los programas

Todo ministerio debe ser relacional, es decir, estar enfocado en las personas. Los programas y las metodologías son muy importantes, pero nuestra relación con los jóvenes debe ser lo fundamental.

«Asegúrate de saber cómo están tus rebaños; cuida mucho de tus ovejas; pues las riquezas no son eternas ni la fortuna está siempre segura» (Proverbios 27:23-24).

No estamos solo para entregar «pastos frescos» que hagan crecer y engordar a nuestras ovejas, también debemos preocuparnos por conocerlas y saber cómo se encuentran. Las acompañaremos en el proceso de madurez, corrigiéndolas y aconsejándolas mientras las tengamos a nuestro cargo. Recordemos que las ovejas «jóvenes» no estarán perpetuamente con nosotros, cuando crecen, pasan al rebaño de las «maduras».

Ser un mentor

Puede parecer algo obvio, pero es así. El ejemplo de Moisés y su suegro ilustra la importancia de contar con un consejero, no podemos estar solos. El mismo rey Salomón, conocido por su sabiduría, dijo: «Si caen, el uno levanta al otro. ¡Ay del que cae y no tiene quien lo levante!» (Eclesiastés 4:10).

Sin que importe nuestro cargo, es sabio contar con alguien que nos ministre y nos dé una mano en medio de nuestros problemas. Cuando tenemos un modelo de referencia, su vida te inspira y reconoces la autoridad dada por Dios en él. Cuando contamos con alguien a quien rendirle cuentas y que además te aconseja con sabiduría, te sustentará en oración.

Y no será precisamente aquel que te adula permanentemente porque cree que todo lo que haces es perfecto. ¡Cuidado! No somos perfectos, necesitamos de alguien que nos diga las verdades de frente, con objetividad y amor, aunque nos duela.

¿Tu pastor? Puede ser, pero hay otras personas en tu congregación. Es posible que no sea el más «popular», sino que sea más bien callado, de «bajo perfil» para algunos, pero con la sabiduría que hasta el más grande de los reyes quisiera. ¡Busca un mentor! Y si no lo encuentras en tu congregación, no temas buscarlo afuera.

Cultivar amistades

Estar rodeados permanentemente de muchas personas no quiere decir que tengamos relaciones significativas. Los amigos no crecen en los árboles, hay que buscarlos, brindarles tiempo, atenderlos y cultivarlos. Y los necesitamos (al menos a uno) para que nos acompañen en las buenas y en las malas.

Aconsejemos con el ejemplo, si hablamos de un ministerio relacional, bajémonos de nuestro deslumbrante pedestal de líderes y compartamos con los que nos aman, demostrándoles nuestra amistad. Tal vez no lo consideres así, pero decir que no necesitas amigos es un acto de orgullo.

«El hombre que tiene amigos ha de mostrarse amigo; y amigo hay más unido que un hermano» (Proverbios 18:24, RVR 1960)

«Por lo tanto, si alguien piensa que está firme, tenga cuidado de no caer» (1 Corintios 10:12).

La soledad es una pésima compañera, no te duermas en los laureles, estar solos nos hace susceptibles a las caídas. Si hay algo que daña al cuerpo de Cristo, es que uno de sus hijos caiga… y resulta peor aún cuando un líder cae y arrastra con él a muchos.

El ministerio puede copar nuestro tiempo, pero nunca al grado de impedir que cuentes con un buen amigo. Es nuestra responsabilidad tenerlo.

Trabajar en equipo

No podemos realizar solos esta tarea, necesitamos trabajar en equipo. Si no cuentas con nadie que te ayude, debemos instruir a personas que nos ayuden en la consejería. De no hacerlo, no solo nos agotaremos, sino que habrá muchas ovejas enfermas sueltas sin ser atendidas.

Pídele a Dios que te muestre a las personas con las que comenzarás a trabajar en la tarea de aconsejar. Éxodo 18:20-23 menciona algunas cualidades que deben tener: instruidas en la Palabra, enseñables, capaces, temerosas de Dios, veraces, honestas.

Tener madurez

«¿Acaso puede un ciego guiar a otro ciego? ¿No caerán ambos en el hoyo?» (Lucas 6:39).

Ningún consejero enfermo e inmaduro puede aconsejar a otra persona. Debemos ser maduros espiritualmente. Si vivimos bajo los principios que Dios nos da en su Palabra, podremos tener una sana perspectiva de la vida.

Es necesario ser sano emocionalmente, conocer nuestro carácter, actitudes y motivaciones, y entendernos a nosotros mismos. En la medida que aprendemos a conocernos y a tratar con nuestros conflictos, enfrentándolos o resolviéndolos correctamente y con madurez, estaremos mejor capacitados para ser buenos consejeros y podremos ser más cercanos y confiables para los chicos que acuden a nosotros.

La madurez es una cualidad indispensable para el consejero, y no hablamos de edad, sino de carácter, es decir, de ser sensatos, prudentes y tener buen juicio.

Estar preparado

Lo ideal es que la consejería la haga alguien con una preparación formal, ya sea desde el punto de vista pastoral o clínico. Sin embargo, como líderes juveniles podemos ser una ayuda para el liderazgo, aliviando su carga y atendiendo situaciones que podemos manejar.

Esto debe animarnos y desafiarnos a invertir tiempo, dinero y esfuerzo en adquirir literatura que nos sirva de apoyo en el tema de la consejería, como el manual que tienes en tus manos, asistir a charlas o realizar cursos de consejería, los cuales se imparten en muchas iglesias o seminarios.

Otra gran escuela práctica puede ser sin duda tu mentor, así que imita lo que tanto te ha servido a ti cuando estás con él, aplica sus criterios y aprende de su experiencia.

Que no seamos profesionales del área no nos exime de prepararnos. Nuestra preparación y nuestro servicio deben estar equilibrados, dándole el tiempo necesario a cada aspecto: el estudio de la Palabra, la oración, la meditación, el estudio de otras materias, la enseñanza y la práctica de todas estas cosas, es decir, el servicio, tu rol como consejero.

¿Cuáles son cinco valores de un consejero juvenil?

Ser de «una sola línea»

Hay quienes acuden en busca de consejo —no necesariamente por arrepentimiento, sino más bien por remordimiento— y buscan que «los perdonemos» o «aliviemos su conciencia» (cosa que no nos compete, pues es el papel del Espíritu Santo). Estas personas suelen compadecerse de sí mismas, son eternas víctimas y desean seguir haciendo las cosas como les place.

No estamos para hacernos los simpáticos, minimizar los pecados o dar los consejos que la gente quiera oír. Habrá ocasiones en las que debemos ser firmes, siempre con el propósito de edificar y no derribar.

«Por eso, repréndelos con severidad a fin de que sean sanos en la fe» (Tito 1:13).

Aceptémoslo, nos gusta que nos aprueben y es desagradable escuchar nuestras «verdades», sin embargo, nuestro consejo debe estar alineado con los valores de Dios, aunque no sea bien recibido y nos haga «impopulares». No caigamos en la trampa de buscar la aceptación de los chicos a como dé lugar.

La Palabra de Dios suele enfrentarnos con nuestro pecado, pero no con el propósito de «reventar» ni destruir a nadie, sino de llevarnos a cambiar, abandonar ciertas cosas y vivir en sintonía con el propósito divino.

«No te olvides de mis enseñanzas; más bien, guarda en tu corazón mis mandamientos […] Contarás con el favor de Dios y tendrás buena fama entre la gente» (Proverbios 3:1-4).

Cuidado con los que van de líder en líder en busca de consejo hasta que encuentran uno que les acomode. Evita este tipo de manipulación manteniendo una buena comunicación y un «frente común» con el equipo de liderazgo de tu ministerio. Las personas así desgastan, dividen y distraen.

Veracidad

Jesús dijo de sí mismo: «Yo soy el camino, la verdad y la vida» (Juan 14:6). Cada una de sus palabras y hechos fueron perfectos. Nada de lo que dijo de sí mismo se contradijo con lo que realizó. Sus discípulos le preguntaron quién era él y les respondió: «Lo que desde el principio os he dicho» (Juan 8:25, RVR 1960).
Lo que Jesús dijo que era desde el principio es exactamente lo que él fue, la verdad hecha hombre.

Hagamos honor a la verdad de todo lo que decimos ser y creer, no hacerlo nos resta autoridad y credibilidad.

Cumplamos con lo que les decimos o prometemos a nuestros jóvenes: llamarlos, visitarlos, orar por ellos. Si no vamos a cumplir, mejor no prometer, así que seamos consecuentes. Podemos sin querer faltar a la verdad y con ello nos sumaremos a la lista interminable de personas que los han desilusionado y en quienes ya no confían.

«Son muchos los que proclaman su lealtad, ¿pero quién puede hallar a alguien digno de confianza?» (Proverbios 20:6).

Dios no espera la perfección de nosotros, él sabe que no somos perfectos, sin embargo, sí espera que seamos sinceros, humildes, y que la verdad de Cristo esté en nosotros.

Resulta tentador aquello de querer mimetizarnos o «disfrazarnos» de adolescentes y usar sus términos y actuar como ellos, creyendo que eso nos hará más «confiables» y cercanos.

Tenemos que ser joviales, eso es parte de nuestro testimonio. La alegría es otro ingrediente infaltable en nuestra vida, pero no caigamos en el error de convertirnos en unos «viejos buena onda» con tal de estar en sintonía.

Cuando un joven busca el consejo de su líder, espera la opinión de alguien más maduro que él. Los adolescentes son muy inteligentes y detectan a kilómetros la autenticidad.

Es sano y liberador presentarnos tal cual somos frente a ellos, que nos vean actuando en nuestro diario vivir, sin poses ni máscaras «domingueras». Es vital que sepan que no somos perfectos y que al igual que ellos luchamos a diario con nuestros problemas, así como también que podemos manejar nuestros conflictos, tener buenas relaciones y esforzarnos por mantenerlas.

Honestidad

Esta cualidad tan ligada a la veracidad pareciera estar pasada de moda. La honestidad es lo que nos permite ser transparentes y mostrarnos sin máscaras, es lo contrario a la hipocresía. Jesús fue drástico con respecto a la hipocresía: «Pero no hagan lo que hacen ellos, porque no practican lo que predican [...] Todo lo hacen para que la gente los vea» (Mateo 23:3-5).

Curiosamente, las personas honestas no siempre son bienvenidas. Para algunos, alguien que tenga claro quién es, diga las cosas que siente o piensa sin temor, o defienda la verdad, puede resultar un «prepotente»... ¡aunque en realidad no lo sea!

Una parte importante de la honestidad es saber delegar. Hay quienes de modo equivocado consideran esto una debilidad y por no pedir ayuda con frecuencia terminan enfermos o se van a pique.

Es vital y sabio reconocer las áreas en que nos sentimos débiles. No es pecado, no te hará un mal consejero ni es motivo de vergüenza reconocer tus limitaciones. Por el contrario, constituye una señal de madurez y honestidad. Si estás en esta situación, busca a una persona competente y capacitada para aconsejar a ese chico.

Confidencialidad (saber cuándo callar y cuándo hablar)

Por lo general, los chicos que acuden a nosotros lo hacen porque nos tienen confianza. No es fácil abrir el corazón y compartir cosas dolorosas o vergonzosas. La confianza no es algo fácil de ganar, por lo tanto, debemos ser muy cuidadosos y aprender a guardar secretos, ser buenos confidentes y nunca mostrarnos indiscretos.

La información que obtengamos en la consejería la guardaremos como un tesoro, ya que los chicos esperan confidencialidad y reserva en cuanto a lo que contaron.

Tratándose de adolescentes, los padres suelen ir con nosotros y darnos un «pequeño resumen» del problema de sus hijos. Nos piden que hablemos con ellos al respecto y que no los «delatemos» porque podría ser contraproducente, y eso está bien. Sin embargo, en el caso de que el chico o la chica nos pregunte si sus padres hablaron con nosotros, debemos decirles que sí y preguntarles si imaginan el motivo como punto de partida para iniciar la consejería.

Un padre desesperado puede cometer alguna imprudencia como «acusar» a su hijo, evidenciando lo que le incomoda. De ser así, expliquémosle lo humillante y vergonzoso que es esto para su hijo y cómo puede cerrar su corazón impidiéndole recibir ayuda o hacer que su rebeldía aumente hacia ellos y Dios.

Hay chicos que no buscan consejo por miedo a ser desenmascarados, han escuchado a otros líderes comentar detalles sobre otros adolescentes en público. O peor aún, su caso ha sido divulgado con el clásico pretexto de «compartirlo como motivo de oración» en la iglesia o el grupo.

¿Cuándo se debe romper la confidencialidad?

Ni consejeros ni profesionales concuerdan en si es necesario romper la confidencialidad o no. Sin embargo, la experiencia nos indica que hay casos o situaciones en las que no decir lo que está ocurriendo puede tener consecuencias nefastas. Un ejemplo es cuando alguien tiene pensamientos suicidas o conductas destructivas hacia sí mismo u otros.

En caso de tener que romper la confidencialidad, una buena idea sería conversarlo previamente con el chico, diciéndole algo así: «Lo que conversemos quedará entre los dos, pero si hay alguna cosa que me cuentes que pueda hacerte daño, me veré en la obligación de comunicársela a tus padres, ¿de acuerdo?».

La experiencia indica que en un noventa y cinco por ciento de los adolescentes responden: «De acuerdo».

Empatía

Estamos aconsejando a adolescentes y jóvenes, de modo que a fin de poder ayudarlos debemos entenderlos, para lo cual necesitamos al menos tres cosas:

1. Buena memoria, no te olvides de que tú también fuiste joven.
2. No pedirles que se porten como adultos, porque no lo son.
3. Una buena cuota de empatía.

Tener empatía es poder identificarse con lo que le sucede a otra persona, tratar de ponerse en sus zapatos y experimentar lo que está atravesando.

Significa tener una actitud acogedora, no de juicio ni displicente, como: «¿Así que metiste la pata, pecador? ¿No te da vergüenza? ¿No es que eres muy cristiano?».

La empatía es la cualidad de escuchar a alguien que aconsejamos y sentir incluso gran parte de sus emociones, pero sin dejarnos llevar por ellas ni permitir que nos afecten negativamente.

El Señor nos pide ser humildes, bondadosos, misericordiosos. En ocasiones resultará difícil comprender a la otra persona, pero ese es nuestro desafío, aprender a llorar con los que lloran, reír con los que ríen, somos parte de un cuerpo y... *«Alégrense con los que están alegres; lloren con los que lloran»* (Romanos 12:15).

CAPÍTULO 4

LA CONSEJERIA, UN PROCESO ORDENADO

Por Patty Marroquín

Objetivos del capítulo:
1. Aprender que la consejería es un proceso ordenado y que hay etapas que debemos conocer y cumplir, ya que esto enriquece al consejero y al aconsejado.
2. Ofrecer consejos y cuidados prácticos que un consejero debe seguir para no morir en el intento.

El arte de escuchar y la manía de hablar

«Mis queridos hermanos, tengan presente esto: Todos deben estar listos para escuchar, y ser lentos para hablar y para enojarse» (Santiago 1:19).

Escuchar es un arte, y en la consejería saber escuchar resulta algo clave. Miles de personas pagan cifras increíbles durante toda su vida solo para que alguien las escuche. Nosotros estamos llamados a tener «oídos atentos y disponibles» a fin de escuchar lo que nuestros jóvenes quieren decir y que en ocasiones no se atreven a comentar, o a los que no tienen a quién acudir.

«Los pensamientos humanos son aguas profundas; el que es inteligente los capta fácilmente» (Proverbios 20:5).

Es difícil encontrar a alguien que en realidad esté dispuesto a escuchar sin distraerse, mirar el reloj o desesperarse, demostrando un interés genuino por otras personas. Las comunicaciones son cada vez más impersonales, y las establecemos por medio del teléfono, los mensajes de texto y los correos electrónicos, los cuales carecen de sentimientos y expresión.

En el ministerio hemos sido preparados o entrenados para comunicar, enseñar y transmitir, por eso nos resulta tan difícil quedarnos callados y sentarnos solo a escuchar.

No todos los casos de consejería resultan dramáticos, con frecuencia el motivo por el cual nos buscan es porque la persona no tiene a nadie más con quien conversar.

Por ejemplo, las mujeres hablamos significativamente más que los hombres, así que el simple hecho de poder contar lo que nos sucede equivale a destapar una válvula para dejar salir la presión y aliviar gran parte del problema. Los hombres por su parte son más reacios, pero de igual forma necesitan desahogarse en algún momento.

En la consejería tenemos que aprender a hablar menos y a escuchar más, pareciera algo obvio, pero no lo hacemos.

Los adolescentes no son muy comunicativos y usan monosílabos para comunicarse, así que nos resulta tentador comenzar a hablar para ir «adivinando» hacia dónde va el tema. Tengamos paciencia, démosles tiempo y busquemos la forma de hacer las preguntas correctas que inicien el diálogo sin desesperarnos ni dejar de prestar atención, aunque los tiempos de silencio se prolonguen.

«Es necio y vergonzoso responder antes de escuchar» (Proverbios 18:13).

No cometamos el error de comenzar a dar consejos antes de que la persona termine de contar su problema, aunque para nosotros el mismo o la solución sean muy obvios. Recordemos que no es fácil abrir el corazón y exponer nuestra vida. La persona que acude a nosotros está experimentando esto por primera vez y probablemente tuvo que luchar con los prejuicios, la vergüenza o la timidez para acudir a nosotros.

Debemos ser cuidadosos y darles el tiempo suficiente para expresarse sin interrupciones de nuestra parte, ya que tal cosa puede resultar muy frustrante o hacer que se cierren y guarden silencio, terminando por «aceptar» todo lo que le digamos sin estar en lo absoluto de acuerdo.

Puede darse el caso de que seamos nosotros los que busquemos a un chico para aconsejarle y que no nos hable ni exprese lo que le ocurre. Si esto sucede, dejemos abierta la puerta para una próxima entrevista, volvamos a buscarlo hasta ganarnos su confianza, pues no podemos forzarlo a hablar aunque seamos su líder. Cuando vayamos a ayudar a una persona recordemos que ella es la que posee toda la información. Démosle el tiempo y la oportunidad para hablar.

Consejos y cuidados prácticos

No hacer comparaciones

Cada persona es única y especial. Probablemente lo que estás escuchando te resulte familiar, o parecido al «caso de», pero no podemos generalizar ni comparar.

Tal vez viviste algo similar y te pongas como ejemplo, eso no está mal siempre y cuando la consejería no termine siendo una cátedra de tu vida.

Estamos para animar a los chicos, para reconocerlos como personas únicas, amadas y valiosas a los ojos de Dios y los nuestros, no los hagas sentir mal comparándolos con la típica persona que «hace todo bien».

Evitar emitir juicios

En consejería escucharás cosas que ni siquiera imaginarías que pudieran ocurrirles a personas de las que tenías una impresión diferente. Cuidado, «no todo lo que brilla es oro».

Lamentablemente, escuchamos cosas fuertes, pero ninguna deberá influir en la forma en que tratamos a las personas o llegar a ser un motivo para discriminar a un joven, hacerlo a un lado o juzgarlo.

Tendemos a «calificar» los pecados en grandes y chicos. ¡Eso es falso! El pecado es pecado y Dios lo abomina. Él nos ama aun siendo pecadores y aplica su misericordia cada día a nuestra vida, esperando que nosotros hagamos lo mismo con nuestros jóvenes. Dios no nos llamó a juzgar ni condenar a las personas.

«No juzguen, y no se les juzgará. No condenen, y no se les condenará. Perdonen, y se les perdonará» (Lucas 6:37).

Saber a quién se debe y no se debe aconsejar

Es complicado llevar a cabo un proceso de consejería cuando se trata de un familiar o amigo cercano. No es ley no poder hacerlo, pero habrá que evaluar si la relación que tenemos con ellos se transformará en una herramienta a favor o en contra. Tal vez puedas continuar siendo amigo y consejero, pero en ciertos casos es preferible sugerir a otra persona preparada y que pueda ser más neutral.

Tampoco es algo escrito en piedra, pero lo ideal en la consejería es que una mujer aconseje a las chicas y un hombre a los chicos. Por simple deducción, a una mujer le será más fácil entender los pensamientos y las reacciones de una chica y viceversa. Además, es una medida sabia para evitar tentaciones y trampas que el enemigo pone y en las que podemos caer.

En caso de no contar con esa otra persona, hazte acompañar por alguien del sexo opuesto en el momento de la consejería.

«El prudente ve el peligro y lo evita; el inexperto sigue adelante y sufre las consecuencias» (Proverbios 22:3).

Cuidar las emociones

Cuando aconsejas a una persona del sexo opuesto y comienzas una relación cercana con ella, conociendo detalles de su vida, su carácter y lo que le afecta, pudiera darse el caso de que comiencen a surgir sentimientos que van más allá de la relación consejero-aconsejado.

Un chico carente de amor de pronto se encuentra con «un ángel» que le da todo lo que nunca ha tenido, así que termina admirándola y colocándola en un lugar muy especial de su corazón. Una chica encuentra al «príncipe azul» que soluciona todos los problemas y del cual termina «enamorándose».

Si te ocurre esto, busca a otra persona que pueda continuar con el proceso de consejería objetivamente. Ya sea que los sentimientos del consejero o del aconsejado estén involucrados, no podrás ser objetivo e imparcial.

Ahora bien, si eres una persona casada, ¿qué haces aconsejando a ese chico o chica? No seas iluso, no eres ningún superhéroe y tampoco cuentas con un chaleco que te protege de las balas del enemigo. Ante la más mínima sospecha o tentación… ¡ponle un alto a la situación! Más vale decir «aquí corrió» que «aquí murió». Habla con tu pastor u otro consejero y transfiérele el caso antes de que sea demasiado tarde y se genere un terremoto.

Liberar, no amarrar

Hemos sido llamados a alcanzar a los jóvenes con el evangelio de Cristo, ayudándolos a crecer, servir y honrar a Dios con sus vidas, es decir, estamos aquí para acompañarlos en su proceso de madurez.

Durante este proceso, nuestro trabajo como consejeros será ayudarlos a enfrentar distintas situaciones y a tomar decisiones trascendentales en su vida, y una parte importante de su madurez es que entiendan que ellos son los responsables de su futuro. Por ese motivo es importantísimo que aprendan a depender de Dios, no de nosotros.

No olvidemos ni dejemos a un lado nuestra tarea como reconciliadores. Ayudémosles a confiar en otros, sus padres, otros líderes o las personas que han vivido y superado problemas semejantes a los de ellos.

Resulta gratificante ser admirados o considerados por los chicos, pero les hacemos un gran daño al volverlos dependientes de nosotros. Hay que enseñarles a volar con alas propias, aunque un día se vayan y ya no estén a nuestro lado. ¡De eso se trata el ministerio juvenil!

Valorar el tiempo

Se da por hecho que los pastores, y en este caso los líderes-consejeros, somos personas que deben estar disponibles las veinticuatro horas del día. En parte puede ser así, sin embargo, no se debe caer en el abuso, de modo que para que esto no ocurra debemos encargarnos de enseñarles a las personas a respetar nuestros horarios y vidas privadas.

Debemos estar disponibles, sobre todo en los casos graves o urgentes, pero habrá muchos otros que pueden esperar para ser tratados en un determinado día y a una hora adecuada y prudente.

Parte de una buena mayordomía se refleja en cómo manejamos nuestro tiempo. Cuidemos la cantidad de horas que dedicamos a atender a otras personas. La mayoría de nosotros formamos parte de una familia (ya sea que seamos solteros o casados) y debemos respetar los tiempos de convivencia con nuestros seres queridos como una parte importantísima de nuestro testimonio, sin descuidar tampoco todas las otras áreas de nuestra vida como los estudios, el trabajo, etc.

No estás pecando si le dices a un chico que no puedes atenderlo en ese preciso instante. No se trata de hacerlos a un lado, sino de buscar el momento adecuado. Hay casos impostergables, pero la mayoría pueden tratarse con más calma.

Fija límites, cuida tu espacio, si alguien te llama en medio de una reunión familiar o una actividad planeada anteriormente, no salgas corriendo postergando a tu familia. Busquen otro momento, coordina la reunión para más adelante.

Dejar a tu familia o amigos a un lado no te hará un «mejor líder». No tendremos un ministerio sano y poderoso si detrás de nosotros se encuentra una familia resentida, destruida o abandonada, por excelente y «bueno» que sea el motivo que pueda mantenernos «tan ocupados».

Controlar la duración de la consejería

Es importante contar con tiempo para llevar a cabo la consejería. No podemos mostrarnos apurados ni nerviosos porque estamos atrasados para ir a otro lugar. Así que concede el tiempo suficiente y aparta un momento especial a fin de hablar del problema.

No hay leyes con respecto a la duración de una sesión de consejería, pero se dice que lo recomendable son entre veinte y cuarenta y cinco minutos. Esto obviamente varía de sesión a sesión, dependiendo de la etapa del «caso» o de la resolución del mismo.

Tener en cuenta los lugares para aconsejar

Nuestras realidades distan mucho unas de otras, por lo tanto, más que de un lugar físico «ideal» preocupémonos por la privacidad que podamos tener, de modo que el chico que vayamos a aconsejar se sienta cómodo y en libertad para hablar sin ser visto y escuchado por todo el mundo.

Si el lugar donde realizamos la consejería tiene un mal aislamiento, es decir, se escucha todo hacia afuera, entonces cuidemos el tono de voz para que lo que estamos tratando no sea de conocimiento público.

Una conversación fluida y sin interrupciones facilita la consejería. Evitemos las interferencias cada cinco minutos, pidamos que nos tomen los recados en caso de llamadas, apaguemos el celular o desconectemos el teléfono.

Si la consejería es en el templo, consideremos dos cosas: Primero, dar aviso en secretaría al pastor o algún otro líder de que estaremos conversando en cierta sala o en el templo con determinada persona (dar el nombre) de tal a tal hora. Segundo, solicitar permiso para utilizar una sala (de preferencia con alguna ventana) o bien el templo (vacío) y pedir que no nos interrumpan.

Dar aviso a otras personas de que estaremos en consejería con un chico o chica tiene varios propósitos: ser transparentes, velar por nuestro testimonio y el del joven al que vamos a aconsejar, ofrecerles seguridad a los padres y evitar posibles problemas o comentarios (chismes). En esto debemos ser muy cuidadosos, sobre todo si la consejería se llevará a cabo con una persona del sexo opuesto.

Si no contamos con una iglesia (templo, salón u oficina pastoral), podemos aconsejar en un ambiente más informal. Los sitios públicos como una cafetería, el área de comidas de un centro comercial o un parque pudieran ser lugares donde un chico posiblemente se sienta más relajado, por lo que será más fácil romper el hielo y comenzar una conversación franca y directa.

Si de antemano creemos que el chico va a llorar, un lugar público no es adecuado, ya que ahí podría sentirse expuesto y avergonzado.

Otro sitio podría ser el hogar del chico, siempre y cuando él se sienta cómodo allí; contemos con la debida autorización de sus familiares y que la casa jamás esté vacía.

Podemos invitar a los chicos a nuestra propia casa, pero eso va a depender de la facilidad que tengamos para ello, o sea, si existe la privacidad necesaria y contamos con la aprobación de nuestros familiares (padres, cónyuge, hijos, etc.).

En este caso es importante fijar horarios, normas, etc. El riesgo que corremos al invitar a un chico a nuestra casa es que no se quiera ir. Esto te podría acarrear problemas con tu familia.

Trabajar en conjunto con la familia

Es necesario trabajar en conjunto con los padres, hermanos y otros parientes cuando las relaciones internas de la familia son la fuente del problema o hay patrones familiares erróneos y/o destructivos.

Es una labor compleja aconsejar a todo un grupo familiar, sobre todo si no somos expertos en la materia. En estos casos, sugiero pedirle ayuda a tu pastor, de modo que él pueda tratar con los padres y tú con el joven.

Sugerencias prácticas que no debes olvidar durante la consejería

- Date el tiempo para aconsejar, muéstrate dispuesto a escuchar, deja a un lado por el momento todo lo que estabas haciendo.

- Apaga tu celular, no contestes llamadas durante la consejería, esto es frustrante y corta la inspiración del que está hablando.

- Jamás respondas correos electrónicos frente a tu aconsejado, pues le estás faltando al respeto. Si debes hacerlo, mejor posterga la consejería para otro momento.

- Mientras hables con un joven, míralo a los ojos, muéstrate interesado y receptivo, hazlo sentir cómodo, pero todo con sabiduría.

• Cuida los gestos de cariño inapropiados, hombres con grandes ministerios han caído por situaciones «empalagosas» como estas.

• Siéntate a una distancia prudente del chico o la chica, preferentemente cada uno en una silla cómoda, esto limita y respeta el «territorio» de cada persona.

• Cuida tu postura, estar «echado para atrás» pudiera dar la impresión de que no te interesa el problema y harías sentir mal al joven.

• Un consejero precavido vale por dos, así que ten a mano pañuelos desechables… ¡son muy útiles cuando comienza el llanto y aparece la mucosa nasal!

• Antes de la consejería, asegúrate de haberte puesto desodorante y si puedes lávate los dientes. Hay casos de consejería muy dolorosos, de modo que trata de que tu mal aliento no empeore las cosas. Mantén siempre contigo pastillas de menta.

CAPÍTULO 5

MODELO PRÁCTICO

Por Esteban Borghetti

Objetivos del capítulo:
1. Proporcionar algunos detalles a tener en cuenta a la hora de aconsejar a los jóvenes.
2. Ofrecer un plan práctico para el proceso de consejería.

Sé que tenemos muchas ganas de empezar cuanto antes a ayudar a nuestros jóvenes por medio de una recomendación o palabras de ánimo, pero antes de hacerlo quisiera darte algunos «consejitos» que en mi ministerio me han sido de mucha ayuda:

- Evalúa siempre con diez a cada persona. Lo mejor que podemos hacer por los jóvenes a los cuales aconsejaremos es esperar lo mejor de ellos. Creer que cada persona tiene todas las posibilidades y capacidades para cambiar es lo que permitirá generar una sana y correcta relación entre tu aconsejado y tú. Tu chico acude a ti para recibir ayuda, no porque eres más inteligente o mejor persona. Él necesita puntual y temporalmente tu acompañamiento para luego caminar solo.

- Cuiden de mantener contacto visual. La comunicación entre dos personas se limita sin el contacto visual. La atención visual es la mejor recompensa que uno puede darle al otro.

- Los asuntos de confidencialidad son un verdadero problema si no tenemos en claro algunas premisas básicas. Opera sobre la base de que no vas a divulgar nada de lo que te dice un aconsejado, pero sabiendo que en algunas instancias especiales no podrás garantizar la confidencialidad. Si se da el caso de que aquello que tu aconsejado te cuenta pudiera implicar un riesgo de la vida para él mismo o terceros, nunca deberías conservar en silencio esa confidencia. En el mismo momento de escucharla deberías ser claro con tu aconsejado y explicarle que no puedes guardar silencio sobre el asunto, de modo que estás dispuesto a acompañarlo para que hable de ello con quien corresponda. Un ejemplo de esto son los casos en que un adolescente te pudiera contar que en algún momento intentó o pensó quitarse la vida. Si esto ocurre, debes actuar de inmediato y acompañar a dicho joven para que vea a un profesional de la salud mental y a un líder o pastor de tu iglesia de modo que tomen cartas en el asunto. Por más tierno y dulce que sea tu adolescente, o por más que creas que se trata de una «histeria» para llamar la atención o algo por el estilo, no debieras quedarte sin hacer nada, ya que un día puede volver a intentar llamar la atención de la misma forma y tal vez le salga mal y en realidad se quite la vida, resultando tú cómplice de dicha situación.

Llega al acuerdo con el cónyuge, el pastor y los padres de tu aconsejado de que no revelarás los secretos de la consejería a no ser que sea «necesario» hacerlo. Pide permiso antes de hablar sobre la historia de tu aconsejado con alguien fuera de la entrevista.

Mi consejo es que conozcas las leyes sobre los secretos confidenciales en los procesos de consejería vigentes en tu país y actúes según la ley, cumpliendo con tus obligaciones y deberes como un consejero.

• No tomes apuntes de la entrevista sin antes preguntarle a la persona si le molesta que hagas tal cosa. Tomar apuntes de una entrevista no es fácil, ya que dicha acción no debiera restarle calidad al proceso de consejería. El contacto visual, la atención y el fluir ininterrumpido de la entrevista deberían estar presentes aunque tomes apuntes, por eso te recomiendo entrenar antes de comenzar a hacerlo, ya que puede ser más contraproducente que útil. Ahora bien, si por unas de esas casualidades se te ocurre creativamente filmar la entrevista, es cierto que no tendrás que perder tiempo tomando apuntes y te parecerá mucho más cómodo, pero debes cerciorarte de que esto no inhiba o moleste a tu aconsejado. Por otra parte, si guardas apuntes del encuentro de consejería, deberías hacerlo con algún tipo de código, de tal forma que no revele la identidad del aconsejado a primera vista, de este modo evitas que si alguien más por equivocación lee ese apunte, no le sea revelada la intimidad del otro.

• Equipo interdisciplinario. Para esto es importante entender el principio de trabajar con redes de asistencia. Tú no eres un sabelotodo ni tienes que serlo, pues Dios ha puesto en el cuerpo distintos dones según la necesidad de cada uno. Es por eso que trabajar con un equipo interdisciplinario es un paso importantísimo en todo ministerio de consejería de una iglesia. Debemos trabajar de la mano con médicos, consejeros profesionales, especialistas clínicos y hermanos con dones de liberación, entre otros.

Sé que un proceso de consejería es creativo y auténtico, único e irrepetible, pero muchas veces nos ayudará contar con ciertos parámetros o pasos para llevarlo a cabo:

1. Determina el tiempo. ¿Cuanto tiempo tenemos? Saber cuánto tiempo durará la entrevista es un excelente comienzo, ya que te permitirá desempeñar bien tu trabajo y evitará excesos y abusos en la relación.

2. Determina el lugar. ¿Donde podemos reunirnos? Elegir el lugar adecuado para la entrevista es un paso muy estratégico. Es conveniente realizar algunas entrevistas en el propio templo de la iglesia, otras en un bar, otras en una casa u hospital y otras en un consultorio. Todo dependerá del tipo de entrevista que quieras realizar y de si estás solo o acompañado como consejero.

Si se trata de una entrevista inicial donde no sabes cuál será el tipo de consejo requerido y cómo se desarrollará el encuentro, mi recomendación es que la realices en un espacio no tan público. Un salón público, pero con algo de privacidad y que tenga buena audición e iluminación es una buena opción. Esto te permitirá iniciar la relación y luego planear dónde y cuándo será la próxima vez que se reúnan.

3. Escucha. ¿Qué quiere decir la persona exactamente? Pasa dos tercios del tiempo de consejería escuchando y estimulando la conversación por medio de preguntas eficaces, clarificando la situación, e indagando qué es lo que en realidad quiere comunicarte tu chico antes de hablar y decir algo.

Pregunta cuando no hayas oído bien algo. Concéntrate en lo que te dicen, no interrumpas innecesariamente y anima a seguir hablando por medio de tu mirada y tu actitud corporal. Intenta ir más allá de la superficie. Si no entiendes algo a primera oída, haz preguntas para aclarar el asunto y comprender la forma de pensar de tu aconsejado. Trabaja para responder a esta pregunta: ¿Qué suposiciones y creencias implícitas yacen detrás de lo que me está contando o de su forma de actuar?

4. Decide si remitirás al joven o continuarás la consejería. Antes de pensar qué decirle, es importante que consideres si eres la mejor persona para hacerlo. Una de las virtudes más importantes de un consejero es evaluar la posibilidad de remitir al joven a otra persona. La remisión no es de gente cobarde o ignorante. Es sinónimo de madurez ver que un consejero reconoce sus limitaciones y busca la mejor forma de ayudar a alguien sin ser el centro de atención. Si eliges continuar con la entrevista, deberás elaborar un plan de ayuda, y si eliges remitir al joven a alguien

más, debes elaborar un plan de remisión. No se trata de lavarte las manos y simplemente decirle: «Anda a ver a fulano de tal», sino que muchas veces eres tú el que deberá hacer el contacto y hasta quizás acompañar al joven hasta que esté atendido por nuevas manos.

Antes de pasar a analizar una herramienta que nos permitirá entender y elaborar un plan de trabajo de forma simple, deberíamos ver que en toda charla o encuentro de consejería tendremos tres momentos o criterios diagnósticos que debemos considerar:

a) Motivo de consulta. Es lo que tu aconsejado expresa como preocupación y lo ha llevado a pedir tu asistencia. Ahora bien, el motivo de consulta muchas veces no es el verdadero motivo de dificultad, sino que es simplemente lo que tu aconsejado piensa que es el problema. Te toca a ti ver si este motivo de consulta es el verdadero problema que le aqueja.

b) Diagnóstico provisional. Se trata de tu primera hipótesis preliminar. Dichas hipótesis son las que desencadenan la indagación y motivan tus preguntas. Tales hipótesis deberán ser puestas a prueba antes de decidir que son los verdaderos motivos del problema. Este diagnóstico provisorio abarca aquellos pensamientos que te llevan a preguntar e indagar para corroborar si lo que piensas que está ocurriendo es correcto.

c) Diagnóstico principal. Luego de pasar por varias hipótesis provisorias, podrás quedarte con una o dos ideas centrales sobre lo que está sucediendo en la vida de tu aconsejado. Estas ideas centrales son las que motivan tus acciones y consejos.

Por último, quisiera presentarte un modelo de evaluación e investigación que me ha ayudado mucho a ordenar mis preguntas y mi plan de acción.

5. Estrategia de consejería

Plan multimodal

Lo que te propongo es utilizar el enfoque multimodal de V. Lazarus para resolver problemas dentro del marco de la consejería pastoral. El Dr. A. Lazarus creó este modelo en 1973, describiendo siete «modales» o variables de la personalidad. Este es uno de los enfoques más exhaustivos en lo relacionado con la personalidad en su totalidad que podemos encontrar dentro de la psicología actual.

El perfil multimodal es una forma de clasificación que abarca todos los aspectos de la personalidad y la conducta del ser humano, aportando un sistema amplio, práctico y científico para analizar y detectár los síntomas aparentes y manifiestos. Se denomina multimodal porque provee una serie de modales sobre los cuales se evalúa la conducta (todo lo que dice, hace, siente y piensa) del sujeto. Este sistema te permitirá prestarle atención a los distintos aspectos de la personalidad de tu aconsejado y así tener una visión más amplia de lo que está ocurriendo. Es posible que al principio te cueste y que te moleste el trabajo de repasar la entrevista o lo dicho en ella según la óptica de cada uno de estos modales, pero una vez que te hayas acostumbrado a hacerlo, será una herramienta muy útil para guiarte y lograr cubrir todas las áreas de información que podamos abarcar. Por supuesto que no creo en fórmulas mágicas ni en recetas milagrosas, solo te ofrezco un sistema de clasificación de la información bastante efectivo.

Los modales son:

Biológico

Te propongo que una de tus observaciones sobre tu aconsejado sea desde el punto de vista de lo biológico. En este modal tomaremos nota y preguntaremos acerca de todo lo referente al organismo. Por ejemplo, si está haciendo dieta, percibiremos su peso, si practica deportes, sus enfermedades previas y actuales, las posibles adicciones a sustancias, si usa medicamentos por algún motivo, sus antecedentes de enfermedades reiteradas, o los padecimientos de carácter genético o hereditario. Preguntaremos sobre su forma de dormir, el insomnio, la hipersomnia, los accidentes sufridos, si ha tenido o no intervenciones quirúrgicas. Como verás este es el dominio del «modelo médico», y las preguntas son como aquellas que un médico haría. Este modal es súper importante, ya que el conocimiento desde este punto de vista te ofrecerá información muy relevante sobre la necesidad de incluir o no en el proceso de consejería a otro profesional de la salud. Por ejemplo, si tomas nota de su peso y su alimentación, podrás detectar rápidamente situaciones de desorden con la comida y recurrir a un nutricionista como parte de la estrategia de ayuda a tu aconsejado.

Afectivo

En este modal vamos a analizar o investigar el área de las emociones, o sea, su área afectiva. Nos preguntaremos: ¿Qué emoción está expresando? ¿Por qué tanta intensidad en la expresión de esa emoción? ¿Qué emoción no está expresando? ¿Por qué no puede o no quiere expresar esa emoción? ¿Qué expresión de las emociones son más permitidas en su casa? ¿Cuáles no le son permitidas? Podrás ver la relación existente entre ciertas emociones y la conducta que el joven tiene frente a las mismas.

Podrás preguntar: ¿Qué te hace reír? ¿Qué te hace llorar? ¿Qué haces cuando sientes rabia? ¿Pueden los hombres sentir miedo? ¿Cómo expresas tu alegría? ¿Quiénes te dan afecto (amor) incondicional? ¿Cómo actúas cuando experimentas determinados sentimientos?

En psicología consideramos solo cinco emociones auténticas, de modo que aquellas expresiones afectivas distintas a ellas, normalmente son una expresión sustitutiva de estas cinco emociones. Por ejemplo, un joven puede expresar un «falso enojo» por algo que sucedió, pero en verdad dentro de él existe una tristeza muy profunda porque lo han dejado a un lado. Otro joven te muestra una «tristeza falsa» cuando te cuenta que no logra pasar un examen, pero en su interior hay un gran enojo contra él mismo o su forma de organizarse. Descubrir la emoción auténtica que está motivando la conducta te ayudará muchísimo a «dar el en clavo» con tus opiniones o tu plan de acción.

Las emociones auténticas son adecuadas al estímulo y el contexto social actual, ya sea en calidad (tipo de emoción), intensidad y duración.

La alegría te ayudará a mantener la motivación para determinadas conductas convenientes, a elevar las defensas orgánicas o inmunológicas, aumentar el atractivo social, o a afianzar la salud psicofísica.

El afecto te permitirá mantener buenas relaciones sociales, profundizar relaciones cercanas y mantener un nivel de autoestima adecuado, tanto en ti como en aquellos con los que te relaciones.

El miedo es una de las emociones más castigadas por nuestras enseñanzas eclesiológicas, pero la verdad es que el miedo te prepara para enfrentar los peligros. Está bien que ciertas cosas te den miedo, pues este sentimiento no tiene nada que ver con la cobardía. La cobardía te mantiene encerrado, sin avanzar, mientras que el miedo te prepara para enfrentar algo grande con plena conciencia de la dimensión de tu desafío.

La rabia o el enojo es definitivamente la emoción más castigada por nosotros como cristianos. Pensamos que enojarnos, poner límites, decirle que no al otro y defender una idea es un pecado. Sin embargo, creo que olvidamos a nuestro Señor Jesucristo expulsando con dureza a los mercaderes del templo o a Dios Padre expresando su enojo frente a la desobediencia de su pueblo o el quebrantamiento de su ley. ¡El enojo es una de las emociones más importantes! ¡El enojo es la emoción necesaria para el cambio! Justo cuando nos enojamos comenzamos a cambiar. Cuando nos enojamos con nuestro peso, iniciamos una dieta; cuando nos enojamos con nuestro jefe, iniciamos la búsqueda laboral; cuando nos enojamos con alguna conducta, buscamos la forma de cambiarla. Esto se debe a que el enojo es esa fuerza interna que Dios nos ha dado para enfrentar los ataques a nuestros valores, a nuestra integridad mental o física; salir en defensa de nuestros bienes, aquellas personas queridas o las instituciones que nos representan; y confrontar e inducir los cambios de conducta de los demás. Claro que no estoy diciendo que está bien dañar a otros, por supuesto que no, sino que poner límites es una de las más grandes expresiones de nuestra libertad.

Por último, está nuestra amiga la tristeza, una emoción muy querida por una parte del pueblo evangélico. Si expresamos nuestro enojo, no seremos muy bien vistos, pero si estamos de ánimo bajo y apesadumbrado, muchas de nuestras iglesias nos verán como más espirituales y reflexivos… ¡qué locura! De este modo muchos jóvenes, frente a la imposibilidad de expresar enojo ante una injusticia, eligen inconscientemente una falsa tristeza que en verdad es el reemplazo más socializado de un enojo difícil de mostrar por la poca aceptación de nuestro grupo social.

La tristeza auténtica es genial, con ella podremos aceptar la perdida de los seres queridos y nuestros bienes, así como reconocer la imposibilidad de concretar un proyecto o una ilusión muy esperada. La misma te permitirá aceptar las limitaciones reales de tu vida y buscar reemplazarlas o compensarlas. En definitiva, te permitirá atravesar un proceso de duelo.

El duelo es todo otro capítulo. No he visto a un grupo humano más resistente al duelo que el que integra alguna de nuestras iglesias evangélicas. En algún momento profundizaremos en este punto.

Sensaciones

En este modal, deberemos tomar nota de las sensaciones que el joven está experimentando. Las sensaciones son todo lo relacionado con la «percepción de cambios en nuestro cuerpo». Por ejemplo, la electricidad que recorre tu cuerpo cuando hablas de algo o piensas en alguien, el vacío que sientes en el estómago frente a una situación que te angustia mucho.

Aunque tu aconsejado inicie la oración diciendo: «Siento mucho…», y tú puedas pensar que esto es un sentimiento, la verdad es que posiblemente se trate de una sensación y no de la expresión de una emoción.

Básicamente, en el modal de las sensaciones tomarás nota de la somatización (tensión muscular, acidez, dolores, etc.), o sea, la expresión de los sentimientos sobre el cuerpo.

Aquí podrás hacer preguntas como: ¿Qué te gusta oler? ¿Qué sucedió cuando viste tal o cual cosa? ¿Qué te gusta oír, tocar, degustar? ¿Qué sensaciones físicas, agradables o no, experimentas? ¿Qué quisieras sentir más?

Imágenes

En este modal tomaremos nota de las representaciones mentales que el joven tenga de sí mismo y su entorno. Ya que el cerebro piensa en imágenes, será muy importante notar qué tipo de «fotos mentales» nuestro aconsejado nos cuenta que puede ver o recordar. Las frases a las cuales debes prestarle atención bajo este modal son aquellas como: «De repente me vi haciendo tal cosa», o «Me imagino que me dirá tal cosa», o «Recuerdo que cuando era niño hacía…». Cada vez que tu aconsejado pronuncie frases como estas u otras similares, estará utilizando una imagen evocada de su pasado, un recuerdo o una foto mental de la cual forma parte. Tomar nota de estas imágenes y buscar cambiarlas durante tu proceso de consejería será muy importante. Justamente así es como trabajan muchos consejeros, ayudando a sus jóvenes a cambiar esa imagen mental, ese recuerdo, redefiniendo de ese modo el significado de dicho suceso del pasado de una forma más acorde a como Dios lo ve o al modo en que operó durante ese tiempo en la vida de tu aconsejado.

Cognitivo

Este definitivamente es el modal más usado dentro de la conserjería cristiana laica. Aquí tomaremos nota del área cognitiva: los pensamientos, las creencias y los valores.

Buscaremos analizar qué es lo que piensa, qué idea o valor puede estar errado, fuera de la verdad de Dios para la vida de nuestro aconsejado, persiguiendo guiarlo a hallar de nuevo la verdad de Dios que lo hará libre.

En este modal tomaremos nota de ciertos aspectos: ¿Cuáles son sus pensamientos principales? ¿Qué piensa de sí mismo? ¿Qué piensa de Dios y su condición frente a él? ¿Qué pensamiento lo está llevando a comportarse así? ¿Qué le impide cambiar de actitud?

Conductual

Aquí tomaremos nota de sus conductas, tanto verbales como no verbales, ya sean voluntarias o involuntarias. Prestaremos atención a lo que hace, lo que dice, y cómo y dónde lo hace o dice. Podremos hacer preguntas como: ¿Por qué querrías empezar a hacer o dejar de hacer tal cosa? ¿Si no haces tal o cual cosa, que harías? Nos cuestionaremos: ¿Cuál es el beneficio de que haga o diga eso? ¿Por qué lo dice o hace? Para aquellos que le gusta la psicología, podríamos decir que el conductismo tradicional se ocupó principalmente de este modal.

Social

En este modal tomaremos nota de su red social (interpersonal). Exploraremos las relaciones pasadas y presentes con los demás. Investigaremos la historia personal o biográfica, quiénes fueron sus padres, qué decían y hacían esas figuras paternas, cómo reaccionaban y de qué forma se comporta el joven frente a ellas. ¿Cuáles son sus vínculos en cada uno de sus roles fundamentales (pareja, familia, trabajo, estudio, tiempo libre)? ¿Dónde vive y con quién? ¿Cuáles son sus habilidades sociales? ¿Qué dificultades tiene para relacionarse con los demás?

Como verás, quise ofrecerte un modelo para que te sea fácil recordar y cubrir todas las áreas de la vida de tu joven, de modo que puedas obtener la mayor cantidad de información para luego tomar buenas decisiones en el momento de planear cómo ayudarle.

SEGUNDA ★ PARTE: PROBLEMAS MÁS ★ FRECUENTES QUE ★ ENFRENTAN LOS ADOLESCENTES ★

PORNOGRAFÍA Y MASTURBACIÓN

Por Esteban Obando

El tema de la sexualidad, la pornografía y la masturbación no debe tomarnos desprevenidos como algo nuevo. Hoy en día es considerado «normal» para el adolescente. Esto no significa que estemos de acuerdo con ello y lo aprobemos, sino simplemente que no podemos permanecer ciegos a la realidad de nuestros jóvenes. Vivimos en medio de una sociedad mediatizada y muy estimulada al sexo y el erotismo. Tal cosa quiere decir que cada vez más vemos como aceptables —y aun recomendadas— estas prácticas en la vida cotidiana de nuestros chicos.

Empezaremos analizando la pornografía, ya que la masturbación es solo la consecuencia lógica de un proceso que se inicia con la pornografía.

El término pornografía se compone de las palabras *porneia*, que significa prostituta, adulterio, fornicación y *grafía*, que quiere decir escribir, describir.

Así que la pornografía es entonces la descripción gráfica de lo que hace una prostituta, fornicaria o adúltera. La sola descripción del concepto nos deja ver que algo no anda muy bien. No podemos permitir que la idea de que «la pornografía es buena para aliviar algunas tensiones de los jóvenes» se introduzca en tu mente y la de tu grupo. Es importante que entendamos bien las cosas y no caigamos en el legalismo, pero no podemos ceder ante una situación pecaminosa. Como cristianos, estamos constantemente nadando en contra de la corriente. Para tus chicos —así como para todos— es mucho más sencillo dejarse llevar por la inmensa influencia que los empuja hacia una práctica desordenada de su sexualidad. Sin embargo, una vez más, ahí entras tú.

Pero, ¿es pecado entonces?

Este es uno de los argumentos que más escucho a favor de la práctica de la pornografía y la masturbación. Algunos dicen que son sanas y necesarias, que de esta forma el joven no andará en prácticas sexuales a edades tempranas. Sin embargo, el pensamiento más «moderno» y generalizado es aquel que apunta al hedonismo (¿Se siente bien? ¡Hazlo entonces! No permitas que la religión te haga sentir culpable).

¿Cuál es la posición de la iglesia ante esto? Muchas veces: «Es pecado, punto». O bien: «Es pecado porque la Biblia lo dice». Lo que sucede es que ninguna de estas explicaciones tiene validez para la mente de un joven. Primero, porque ellos necesitan argumentos, no podemos simplemente decirles que algo está mal y esperar que lo acepten sin pedir explicaciones. Y segundo, porque la Biblia… no lo dice. Se hace necesario que profundicemos más y busquemos principios que protejan a tus chicos.

Debemos capacitarnos para entender la práctica y buscar su origen. Cuando hablamos de pornografía, no solo nos referimos a una revista o una película, hablamos también de otras cosas.

Veámoslo así:

Besos »» **Caricias «Inocentes»** »» **Caricias «Ilícitas»** »» **Sexo Oral** »» **Sexo**

La pregunta no es entonces: ¿Es la pornografía pecaminosa? La pregunta sería: ¿Son la fornicación, el adulterio, la lascivia, la prostitución y el irrespeto pecaminosos? Ningún chico tendrá una respuesta a favor cuando se lo plantees así. Sin embargo, ten muy en cuenta que debes ser inteligente al plantear esto. Sabemos como líderes juveniles que hay cosas buenas y otras pecaminosas, no obstante, tus chicos no ver la vida como tú, así que asegúrate de usar términos que ellos entiendan. Puedes tal vez decirles que es algo dañino para sus vidas y trae consecuencias en lugar de usar solo el término pecado.

Tus chicos podrían preguntarse entonces si es pecado «hacer» pornografía, pero no mirarla. Esta pregunta es válida, pero recuérdales un principio importante: No se trata solo de hacer lo malo, sino también de estar de acuerdo con aquellos que lo hacen (véase Romanos 1:32). En otras palabras, independientemente de si haces o no pornografía, si la miras estás dándole tu aprobación a eso, así que también es pecado. Aquí es importante recordar otro principio que afectará a tus chicos y a ti por el resto de la vida: el pecado trae consecuencias.

Es muy sencillo que tus jóvenes entiendan el peligro de la pornografía si tan solo les preguntas: «¿Qué genera la pornografía en ti? ¿Cosas buenas? ¿Pensamientos que edifican?». Ellos deben entrar a esta batalla convencidos por completo de que resulta algo dañino para sus vidas. Por eso no argumentes nunca que estimular los órganos genitales al punto de la excitación es pecado, porque no lo es. Lo pecaminoso es lo que sucedió en tu mente para llegar a ese punto. He hablado con cientos de chicos y aún no encuentro a uno solo que me diga con sinceridad que puede masturbarse sin tener pensamientos indebidos. El problema está entonces en que normalmente necesitan algún estimulante que los ayude a alcanzar un orgasmo. Y si este estimulante proviene de una idea, pensamiento o fantasía sexual «ilícitos» o aberrantes, entonces es pecado.

Algunas veces una buena prueba para saber si algo es o no pecado consiste en analizar si al hacerlo el chico se sentiría orgulloso de contárselo a otros. Si se siente en aprietos o pasa vergüenza al darse cuenta de que otros saben lo que ha hecho, es muy probable que aquello no esté muy bien. Otra buena prueba es determinar si honestamente, con buena conciencia, puede pedirle a Dios que bendiga y use esa actividad en particular para sus propios buenos propósitos. No pienso que la masturbación califique como algo de lo que uno esté «orgulloso» o por lo que pueda en verdad agradecerle a Dios al hacerlo.

Finalmente, la masturbación puede llegar a ser un sustituto para las relaciones saludables con otras personas. Algunos adolescentes cometen el error de elegir la masturbación como una manera malsana de tratar con su soledad, depresión o frustración. Ellos se vuelven a la masturbación como un sustituto emocional para sus problemas.

Hombres y mujeres, ¿es lo mismo?

¡Definitivamente, no! Los hombres y las mujeres son muy diferentes. Esto no significa que el tema de la pornografía o la masturbación no sea una realidad entre las chicas. Lo que sí quiere decir es que se ve reflejado de una forma diferente. El varón es un ser muy visual, casi todo los afecta a través de los ojos. La mujer usa más el lenguaje que el hombre. Es por eso que la industria de la pornografía va dirigida en su mayoría a los varones.

Solo en la Internet, la pornografía presenta estadísticas alarmantes:

- El doce por ciento de los sitios web son pornográficos.
- El veinticinco por ciento de las búsquedas son por pornografía.
- Cada segundo hay cerca de treinta mil usuarios viendo pornografía.
- Más de doscientos cincuenta sitios de pornografía son creados en la red cada día.
- La pornografía en la Internet es uno de los negocios más lucrativos del planeta.
- Hay cerca de trescientos setenta y dos millones de sitios de pornografía en la Internet.
- Más de setenta por ciento de los usuarios de la Internet son varones.

Realmente es un negocio que nace con el mercado masculino en mente. Por eso es tan difícil salir solos de este problema, ya que la exposición excesiva y la influencia son altísimas, de modo que resulta sumamente sencillo acceder a la pornografía hoy en día.

La progresión del pecado

Si tus chicos solo miraran pornografía sin que sucediera algo en sus mentes, la situación sería muy distinta. Sin embargo, la historia y la experiencia nos dicen otra cosa. Nos hablan de algo llamado adicción. Esta es muy sutil y atrapa a la persona poco a poco. Usualmente la vemos actuar en cuatro fases. Permíteme mostrarte estas etapas a través de la vida de Sansón. (Si bien Sansón no miraba revistas o películas, se vio tentado exactamente de la misma forma en que un joven hoy en día se ve tentado con la pornografía).

Este hombre tan fuerte evidenció su debilidad principal: las mujeres. Te animo a que leas su historia en Jueces 13—16 y luego analices la progresión de Sansón:

Etapa 1: «Solo quiero ver»

A Sansón se le había prohibido unirse con una mujer que no fuera israelita. Aun así, sabiendo esto y bajo su voto de nazareo, decidió ir muy «inocentemente» a ver a las filisteas. En Jueces 14:1 se nos dice que fue a un lugar prohibido y allí vio a una joven. Es evidente que esto produjo algo en su mente y su corazón: deseo. Al contrario de Sansón, uno de mis héroes favoritos, José (Génesis 39:7-12), ni siquiera permitió que la tentación entrara en su corazón, sino que huyó. En este punto usualmente algunos de los pensamientos de los jóvenes son:

- «No estoy lastimando a nadie con mirar».
- «No me va a pasar nada».
- «Puedo detenerme cuando lo decida».

Sin querer caer en exageraciones, todo empieza simplemente mirando mujeres bonitas, coleccionando sus fotografías en la computadora o sus afiches, y mirándolas luego con mucha regularidad. Todo muy natural. Sin embargo, más adelante puede costarte muy caro.

Etapa 2: «Solo quiero intentar»

En esta etapa el deseo se ha convertido en realidad. En la vida sexual de Sansón se volvió un pasatiempo del cual difícilmente podría salir. Sansón se adentró tanto en este mundo que ya no veía diferencia entre una cosa y la otra. En Jueces 14 lo vemos casándose con la mujer, compartiendo con ella y sus amigos (algo totalmente prohibido para él). Cuando se encuentran en esta fase, nuestros chicos saben que están haciendo algo que no es debido, pero creen que no lastiman a nadie y que «no es para tanto». Esta etapa se caracteriza por el coqueteo que se da con el pecado.

La Biblia nos aclara que no se trata de huir del pecado, sino de las pasiones que nos llevan a él (2 Timoteo 2:22). Tus chicos no entienden esto, pero es necesario que tú sí lo comprendas. Para los jóvenes resulta algo apasionante, ya que poco a poco damos lugar a que la lujuria entre en nuestra cabeza, y aceptémoslo, la lujuria es emocionante. Esta etapa puede empezar de un modo muy inocente al ver desfiles de trajes de baño, ropa interior, fotos eróticas, o al navegar por la Internet durante horas sin «caer» aún en el pecado. O quizás al ojear revistas para caballeros y mirar ciertos programas de televisión en la noche. La masturbación, si bien no es una adicción todavía, se practica de vez en cuando. Es muy sencillo convencerte de que estos rituales son inofensivos. Sin embargo, una vez que inicias un ritual, en realidad acabarás cediendo ante el impulso sexual. Eso es seguro.

Etapa 3: «Solo quiero tocar»

Sansón estaba transitando un camino peligroso, pero en esta etapa sus deseos se vuelven más oscuros y arriesgados. En Jueces 16:1 se nos dice que simplemente vio a una prostituta y la contrató. Ignoró cualquier advertencia de sus padres, su contexto y su conciencia. Así de ciego estaba. Su lujuria no lo dejaba pensar con claridad. En esta etapa, Sansón se hallaba tan involucrado en el tema sexual que movió sus límites a un punto de no retorno.

Los chicos que practican la masturbación con regularidad como una forma de vida se encuentran en esta fase. Recuerda que tanto la masturbación como la pornografía no son fines en sí. Son medios para alcanzar el placer corporal. La pornografía te lleva a la masturbación, y ella al placer. Desafortunadamente, después del placer viene el dolor. Muchos de los chicos que practican esto lo hacen como algo divertido y hasta emocionante. Sin embargo, llegará el momento en que las cosas se esclarezcan y deban llorar.

Etapa 4: «Solo quiero llorar»

Este es el momento donde se toca fondo y nos encontramos con una realidad dolorosa. Muchas personas les dirán a tus chicos que la masturbación es algo normal, natural y positivo. Después de todo, ¿cómo algo placentero va a ser malo? No obstante, debes aclararles que en la vida no siempre lo placentero es bueno, y no siempre lo bueno es placentero.

Sansón lo experimentó con muchas mujeres, y fueron ellas las que terminaron arruinando su vida. Él fue un hombre que pudo hacer dicho que no, pero que dejó que su lujuria, por más sutil que fuera, tomara control de su vida.

Tus chicos sentirán que el asunto se ha convertido en una adicción, que ya no pueden detenerse y que se sienten sucios e hipócritas como para presentarse ante Dios con sus cargas. Si esto no se trata a tiempo, puede surgir en ellos un sentimiento de frustración y decepción que los aleje definitivamente de los caminos de Dios. Con el tiempo, querrán más y empezarán a tener sexo fuera del matrimonio, ya que no lograron resolver su conflicto cuando eran más jóvenes.

¿Qué me dice Dios al respecto?

Según la Biblia, Dios es amor (1 Juan 4.8). Así que cuando Dios te dice algo, lo hace por amor; cuando te aconseja no hacer una cosa, lo hace por amor; y cuando parece que quiere sabotear tu vida sexual, en realidad lo que está haciendo es amándote y protegiéndote. Tus jóvenes necesitan saber esto. Así que, este Dios de amor, ¿qué dice en su Palabra?

Las consecuencias empiezan en la mente.

«Ustedes han oído que se dijo: "No cometas adulterio", pero yo les digo que cualquiera que mira a una mujer y la codicia ya ha cometido adulterio con ella en el corazón» (Mateo 5:27-28).

La pornografía y la masturbación no pueden ser la normalidad del cristiano.

«Entre ustedes ni siquiera debe mencionarse la inmoralidad sexual, ni ninguna clase de impureza o de avaricia, porque eso no es propio del pueblo santo de Dios» (Efesios 5:3).

La pornografía puede ser adictiva, puede llegar a controlarte.

«"Todo me está permitido", pero no todo es para mi bien. "Todo me está permitido", pero no dejaré que nada me domine» (1 Corintios 6:12).

El problema no está en lo que ocurre, sino en qué hacemos con lo que ocurre. La masturbación puede convertirse en una práctica descontrolada en muchos jóvenes, y esto puede llegar a afectar otras áreas de su vida. Precisamente eso es lo que se quiere evitar por medio de este estudio, «el descontrol sexual». Por tal motivo es importante que los jóvenes aprendan a controlar sus impulsos y pasiones sexuales.

Tus chicos pueden ejercer el dominio propio.

«Pues Dios no nos ha dado un espíritu de timidez, sino de poder, de amor y de dominio propio» (2 Timoteo 1:7).

«El fruto del Espíritu es amor, alegría, paz, paciencia, amabilidad, bondad, fidelidad, humildad y dominio propio» (Gálatas 5:22-23).

La lujuria, Dios y tú.

«Se me hizo evidente que el mismo mandamiento que debía haberme dado vida me llevó a la muerte; porque el pecado se aprovechó del mandamiento, me engañó, y por medio de él me mató» (Romanos 7:10-11).

Veamos algunos principios que el apóstol Pablo nos enseña a través de este versículo:

- Nunca podrás ser más poderoso que tu lujuria.
- Nunca podrás reformar a tu lujuria.
- Nunca podrás eliminar tu lujuria.
- Por lo tanto: No debes pelear la batalla solo.

Dios quiere que tus chicos hagan un sacrificio por él y en beneficio de ellos. El sacrificio duele, pero trae paz, santidad y agrado a Dios. Y redunda en bendición para el que se sacrifica.

El sacrificio es parte del proceso.

«Les ruego que cada uno de ustedes, en adoración espiritual, ofrezca su cuerpo como sacrificio vivo, santo y agradable a Dios» (Romanos 12:1).

Dios nos advierte como lo hace un padre con su hijo.

«Hijo mío, pon atención a mi sabiduría y presta oído a mi buen juicio […] De los labios de la adúltera fluye miel; su lengua es más suave que el aceite. Pero al fin resulta más amarga que la hiel y más cortante que una espada de dos filos. Sus pies descienden hasta la muerte; sus pasos van derecho al sepulcro […] Aléjate de la adúltera […] Porque al final acabarás por llorar, cuando todo tu ser se haya consumido» (Proverbios 5:1-11).

Para no olvidar

He aquí algunos detalles que no puedes pasar por alto cuando vayas a aconsejar a tus chicos en este tema:

- Cada vez que cedes a la compulsión sexual:
    — Tus impulsos sexuales se hacen más fuertes.
    — Tu anhelo por el riesgo aumenta.
    — Tu deseo de resistir la compulsión se hace más débil.
- Decir: «Prometo que no volveré a hacerlo» no es suficiente.
  Precisas entender que el problema es más grande que tú mismo.
  Necesitas ayuda.
- Cuando se cruzan los límites y se establecen unos nuevos,
  luego es más sencillo cruzarlos otra vez. Es necesario ser radical

y decir: «No cruzaré este límite, no importa si parece ser muy "exagerado" de mi parte».

Tu participación

Antes de iniciar una charla con un chico o chica, recuerda algunos detalles:

- No aconsejes de este tema a jóvenes del sexo opuesto. Las cosas tienden a confundirse y necesitas mantener todo bien claro.
- Escucha al joven. Muchas veces estamos tan ansiosos por resolverles el conflicto que no los escuchamos.
- Pregunta, pregunta, pregunta. Los adolescentes no suelen ser muy comunicativos (en especial los varones), así que asegúrate de tener el panorama completo de la situación de tu joven. Algunas preguntas que les puedes hacer son las siguientes:
  —¿Cómo te sientes con lo que está pasando?
  —¿Cuáles son los momentos en que caes en esa tentación?
  —¿Qué cosas son las que desencadenan la tentación? (tener un televisor en el dormitorio, una computadora con Internet, etc.).
  —¿Cómo te está lastimando esto?
  —¿Qué consecuencias trae a tu vida?
  —¿Qué estás dispuesto a hacer para resolver esta situación?

Agrega tus propias preguntas para que te ayuden a aclarar el panorama. Las preguntas deben ser en todo momento abiertas, es decir, preguntas que no se respondan con un «sí» o un «no», sino que obliguen al joven a pensar y dar respuestas más desarrolladas.

Después de todo este proceso, dirige la atención de tus chicos hacia la siguiente estrategia, recordándoles lo que la Biblia dice al respecto: *«Ustedes no han sufrido ninguna tentación que no sea común al género humano. Pero Dios es fiel, y no permitirá que ustedes sean tentados más allá de lo que puedan aguantar. Más bien, cuando llegue la tentación, él les dará también una salida a fin de que puedan resistir»* (1 Corintios 10:13).

Primero: Trabaja en su autoestima. Satanás utiliza esto como una de sus principales armas para decirle a tu chico que no es digno de acudir ante el trono de la gracia de Dios. Tal cosa produce un alejamiento de la única fuente que puede sacarlos de su problema. Él les dice: «Este pecado es muy sucio y no debes atreverte a hablar con Dios, que es tan bueno, hasta que no hayas resuelto algo tan oscuro». Pídeles además a tus jóvenes que dejen de prometerse que nunca más caerán en este pecado. Cada vez que tu chico se haga esta promesa y la rompa, se frustrará y entorpecerá el proceso de sanidad.

Segundo: Identifica y evita. No esperes que las cosas se den por arte de magia. Haz que identifiquen con papel y lápiz las cosas que los tientan (programas de televisión, revistas, periódicos, fotos, la Internet). Se necesita disciplina, pero según lo que el joven dice, está dispuesto a hacerlo.

Tercero: Si tiene novio o novia, ¡que se cuide! No permitas que se involucren en una situación con su pareja que acelere sus hormonas. Ya que no deben avanzar más allá con él o ella, es posible que liberen esa tensión sexual por medio de la masturbación.

Cuarto: Actúa. Pídeles que en un momento de sobriedad mental saquen el televisor y la computadora del cuarto y los coloquen en lugares de acceso público de la casa. Deben hacer algo, pues las cosas no van a cambiar solo porque digan: «Esta vez lo lograré». Si la tentación viene de la Internet, existen programas que los pueden ayudar. Una vez que son instalados en la computadora detectan sitios «sospechosos» y le envían un correo electrónico a alguien que hayas escogido previamente. Esta persona será tu fuente de referencias. Puedes conocer más acerca del tema en un ministerio cristiano llamado XXX CHURCH. El programa está en inglés, pero cumple bien su objetivo (*http://x3watch.com/x3watch.html*).

Quinto: Siembra en sus hábitos. Sacar las imágenes pornográficas de la mente no es sencillo. Para eso se necesita llenarla con cosas reales y buenas. Leer la Biblia a diario, orar y congregarse es importante. Además, tus jóvenes precisan rendirle cuentas a alguien semanalmente de lo que hacen y cómo están venciendo la tentación. En esta etapa la honestidad debe ser prioritaria.

Algunas citas que te ayudarán son:

Reconociendo lo que es pecado

- Gálatas 5:24
- Colosenses 3:5

Siendo intencional

- 2 Corintios 7:1

Trabajando en la mente

- Romanos 12:2
- Filipenses 4:8
- Efesios 4:22

La respuesta bíblica

- Josué 1:8-9
- Salmo 1:1-3

Sobra decir que debes adquirir el compromiso de orar por tu joven constantemente.

EL DIVORCIO DE LOS PADRES

Por Patty Marroquín

«Entonces el príncipe cargó en sus brazos a la princesa, la besó, se casaron y fueron felices para siempre»… esa era la frase con la que terminaban los cuentos que nos leían de niños antes de quedarnos dormidos. Sin embargo, los años pasan y de pronto despertamos en la edad adulta, donde muchos siguen creyendo que el matrimonio será como un cuento de hadas, aunque la realidad es muy distinta.

El matrimonio

«¿No han leído —replicó Jesús— que en el principio el Creador "los hizo hombre y mujer", y dijo: "Por eso dejará el hombre a su padre y a su madre, y se unirá a su esposa, y los dos llegarán a ser un solo cuerpo"? Así que ya no son dos, sino uno solo. Por tanto, lo que Dios ha unido, que no lo separe el hombre» (Mateo 19:4-6).

En este versículo Jesús habla del plan perfecto de Dios para un hombre y una mujer que han decidido unir sus vidas en matrimonio. Su significado y valor resulta muy profundo, ya que es una representación del pacto de amor que él mismo hizo con su amada —la iglesia— y el modelo perfecto que debemos imitar como esposos en el matrimonio. Un pacto de amor sacrificial, que ama por sobre todas las cosas. Jesús nunca traicionaría a su amada, ni la abandonaría, ni le daría la espalda, ni abusaría de ella, ni la manipularía. Él la ama por siempre, se sacrifica por ella, le tiene paciencia, la cuida, provee para sus necesidades, la protege y se deleita en ella a pesar de los años.

Nadie dijo que sería fácil

Es muy «curioso» el consejo que el apóstol Pablo les da a aquellos que desean casarse: «Si te casas, no pecas; y si una joven se casa, tampoco comete pecado. Sin embargo, *los que se casan tendrán que pasar por muchos aprietos,* y yo quiero evitárselos» (1 Corintios 7:28, énfasis añadido).

El matrimonio es bello, es una bendición, pero está lejos de ser la nube color de rosa que pintan las películas románticas, donde todo es besos, flores, noches de pasión y felicidad para toda la vida. Suena muy romántico, pero no lo es, se trata solo de un cuento de hadas.

No existe el matrimonio perfecto, aunque ambos cónyuges sean cristianos. Donde hay un hombre y una mujer, habrá problemas y conflictos, ya que no somos perfectos. Somos pecadores y nuestra naturaleza egoísta siempre complica las cosas y hará que pasemos por muchos aprietos.

El matrimonio es más bien una «historia» protagonizada por un hombre y una mujer. Dos seres con roles específicos, con características únicas y especiales. Sus caracteres, gustos, capacidades y dones pueden ser muy diferentes, sin embargo, cuando logran unir fuerzas y trabajar en conjunto, podrán descubrir la fórmula que les permitirá unir todos sus «ingredientes», y a pesar de que las fricciones entre ambos lleguen a producir chispazos, lucharán a diario para que nunca se produzca un corto circuito.

Este proceso no es automático ni mágico. Toma tiempo, meses, años, toda la vida. Se vive día a día y requiere de trabajo, amor, paciencia y generosidad de ambas partes, cada uno aportando con esfuerzo y dedicación las piezas necesarias que terminan formando un cuadro armonioso.

Príncipes y princesas azules

Llegamos al matrimonio con expectativas equivocadas si creemos que las cosas se darán solas y que nuestro conyugue nació para hacernos felices y suplir todas y cada una de nuestras necesidades. El amor que sostiene un matrimonio para toda la vida no es aquel que solo está enfocado en nuestro propio beneficio y provecho, sino el que está dispuesto a dar, desarrollar y potenciar a la persona que decimos amar.

Todos, sin excepción, tenemos defectos y no somos ningún príncipe o princesa azul, más bien nos parecemos a un sapo disfrazado que anda por la vida tratando de mostrar su mejor cara. Los cristianos somos expertos en este arte, ya que nuestra religiosidad y legalismo nos lleva (o hace que llevemos a las personas) a colocarnos máscaras que ocultan nuestra verdadera personalidad, que no muestran las debilidades, ni dejan ver los fracasos y pecados.

Creemos ilusamente que si las demás personas no se dan cuenta, incluido nuestro novio o novia, podremos comenzar la importante etapa del matrimonio, dejando que el tiempo se encargue de sanar las heridas y corregir los defectos. Sin embargo, no es así. Podemos fingir por algún tiempo, pero tarde o temprano nuestro verdadero yo aflora, con todo lo que hemos acumulado durante años, y con ello comienzan los problemas.

Dios está dispuesto a perdonarnos, sanarnos y darnos nuevas oportunidades. No obstante, paralelamente es necesario vivir un proceso de sanidad y restauración, a fin de ser libres de toda máscara, conocer quiénes somos y el valor que tenemos en Cristo. De este modo, estaremos en condiciones de buscar una pareja, invertir en ella, casarnos y construir una vida en común.

No hablamos de ser perfectos y sin pecado, nadie lo es, sino de tener un espíritu y un corazón sanos, dispuestos y sensibles a la voz de Dios, de modo que seamos guiados por él y tengamos la libertad para relacionarnos sanamente con otras personas, y de manera especial con quien seremos «una sola carne», formaremos una familia y compartiremos el resto de nuestras vidas.

Una plaga llamada divorcio

La gran mayoría de las parejas que se casan lo hacen habiendo decidido de antemano que si su cónyuge no cumple con todas sus expectativas o el asunto no resulta como pensaban, no importa, ya que pueden divorciarse. Para otras parejas, el divorcio es la última opción, algo a lo que se llega después de intentar todo para salvar su matrimonio. Sea cual sea el caso, el divorcio es una realidad que derrumba y desintegra a las familias.

En una publicación reciente del Instituto de Estadísticas de México se aprecia cómo el número de divorcios se ha incrementado considerablemente en los últimos cuarenta años. En 1970 había 3,2 divorcios por cada cien matrimonios, mientras que en el 2009 el promedio fue de 13,5 divorcios por cada cien matrimonios (Fuente: Instituto de Estadísticas de México, publicado por Pressperu.com, 4 de enero de 2010).

Estadísticas como esta nos muestran una triste realidad: el divorcio es una plaga que se ha propagado aniquilando a miles de matrimonios en todo el mundo, tanto fuera como dentro de la iglesia.

Para nadie es sorpresa que cada año son más los jóvenes que «defienden» o extienden al máximo su soltería. Cada uno adopta la ideología o la doctrina que mejor le acomoda, anulando o pasando por alto los principios éticos, morales y bíblicos del matrimonio. Les resulta más cómodo y menos engorroso convivir o hacer vida de casados-solteros, sin mayores compromisos que los aten.

Muchos de ellos actúan así porque han sido defraudados por sus figuras de autoridad, entiéndase padres, líderes espirituales, políticos, maestros, etc. Se sienten desilusionados porque durante mucho tiempo han escuchado el mismo discurso, pero también por años han observado con frecuencia cómo ese discurso no tiene nada que ver con lo que viven.

La inconsecuencia en la vida de muchos adultos los ha llevado a no creer en nada ni nadie, ni siquiera en Dios, y mucho menos en el matrimonio. ¿Y cómo hacerlo cuando un gran porcentaje de ellos proviene de hogares donde sus padres no se aman ni se respetan, o viven bajo el mismo techo como dos perfectos extraños, o sencillamente ya no están juntos porque se les «acabó el amor», o se enamoraron de otra persona y como su matrimonio no funcionó decidieron divorciarse?

El divorcio es un proceso en el cual los hijos se llevan la peor parte y experimentan mucho dolor. Ver cómo se desintegra su familia provoca en ellos temor e inseguridad con respecto al futuro y ni hablar del matrimonio. Muchos de ellos creen que nunca podrán ser felices si llegan a casarse.

Socorro, mis padres son divorciados

Debemos entender el proceso de divorcio y apoyar a nuestros jóvenes. Los hijos de padres separados o divorciados tienen su mente llena de preguntas: ¿Qué pasará conmigo? ¿Podré ver a mi papá (o mamá) de nuevo? ¿Me seguirán amando? Ellos están experimentando emociones complicadas. Se sienten heridos, se cuestionan, se culpan a sí mismos o a Dios, desconfían de todo el mundo, y en medio de todo este caos, con seguridad tendrán que sufrir muchos cambios —de casa, colegio, ciudad, económicos, etc.— lo cual les produce inestabilidad.

En momentos como estos el apoyo, los consejos y la compañía de su líder juvenil es invaluable. Probablemente ellos no buscarán ayuda, más bien seremos nosotros los que tendremos que tomar la iniciativa y acercarnos para ganarnos su confianza. Es importante que sepan que aunque no tenemos respuestas para todas sus preguntas, sí pueden contar con alguien que los escuchará y con quien podrán desahogarse y expresar libremente sus sentimientos sin ser juzgados. Eso los aliviará y animará.

El impacto que produce el divorcio de los padres en un joven puede expresarse de muchas formas. Algunos lo hacen por medio de actitudes más bien pasivas, llevando su dolor por dentro; otros en cambio tienen actitudes más agresivas, demostrando su dolor de forma notoria.

PASIVO	AGRESIVO
• Conmoción, evasión de la realidad	• Rabia y resentimiento
• Inseguridad, temor	• Llama permanentemente la atención
• Desconfía de las personas	• Usa y abusa del alcohol y/o las drogas
• Se culpa a sí mismo o a Dios	• Se ausenta frecuentemente de casa

PASIVO Cont.

- Aislamiento, se cierra como una ostra
- Desmotivación, falta de concentración
- Sentimientos de rechazo y vergüenza
- Tristeza y sentimiento de pérdida
- Depresión, somnolencia
- Ansiedad

- Se muestra callado y solitario

AGRESIVO Cont.

- Bajo o mal rendimiento o inasistencia escolar
- Peleas y conflictos con sus padres
- Se hace el duro, nunca llora

- Vocabulario agresivo-grosero
- Todo lo critica, burlón
- Promiscuidad sexual, embarazo
- Autoagresión (cortarse, bulimia o anorexia, suicidio)

El divorcio de los padres es una pérdida, un duelo que el joven experimenta, y como en todo duelo, tendrá que atravesar un proceso que toma tiempo a fin de aprender a vivir esta nueva etapa de su vida.

Lo más complicado del divorcio de los padres son las consecuencias que el mismo puede traer a nuestra vida si no aprendemos a manejar adecuadamente la situación y la forma de comportarnos, así como a canalizar y dominar positivamente nuestras emociones.

Es comprensible (y de ninguna manera los hace poco espirituales) que frente al divorcio de sus padres los jóvenes sientan rabia o estén deprimidos. Permitamos que expresen sentimientos negativos como la ira y el resentimiento, o que manifiesten su enojo, lloren o hablen de su descontento. Nosotros podemos ayudarlos a deshacerse de esa pesada carga, enseñándoles a dejar las cosas en las manos de Dios, que les ayudará a manejar y sanar sus emociones.

Seguir adelante pretendiendo que no ha pasado nada o por el contrario vivir odiando a sus padres no cambiará las cosas ni los hará felices, eso solo los llenará de amargura y resentimiento.

Es cierto que frente al dolor que atraviesan no tendrán deseos de perdonar a sus padres, sin embargo, perdonar, al igual que amar, no es un sentimiento, sino una decisión que deben tomar a fin de dar comienzo al proceso de sanidad.

Por el bien de los hijos, salvo algunas excepciones, es importante que ellos tengan y sientan la libertad de seguir relacionándose con ambos padres.

Hay ocasiones en las que el divorcio puede traer alivio a los hijos, y es natural que así sea cuando han vivido en un ambiente de gritos, insultos, maltrato físico, alcoholismo o situaciones de constante presión. Que sus padres ya no estén juntos les permitirá vivir en un ambiente más tranquilo y tener paz.

La culpa es un sentimiento muy frecuente en los hijos de padres divorciados. Debe quedar claro, independientemente de lo que haya motivado el divorcio, que no existe nada que ellos hayan dicho o hecho que los haga culpables de la decisión que tomaron sus padres.

Algunas frases condenatorias de parte de sus padres que hayan escuchado, tales como: «Ojalá no hubieras nacido», o «Por tu culpa me tuve que casar», o «Desde que naciste mi vida se arruinó», entre otras, son dardos que han dañado sus corazones. Sin embargo, no son ciertas ni los hacen culpables, de modo que deben lidiar con el asunto y ser sanados.

En ocasiones los padres cometen el grave error de convertir a sus hijos en sus amigos-consejeros. Los hijos no están en condiciones ni deben ser consejeros de sus padres. Así como tampoco pueden ni deben tratar de solucionar los problemas de sus progenitores. El divorcio suele llevar a los hijos a tomar partido por uno de sus padres, ya sea debido a que es «la víctima» o porque resulta ser el «bonachón». Velemos para que no caigan en una actitud extorsionista con el padre con el que no viven o al que ven de vez en cuando, no sea que traten de sacar provecho de él o ella exigiéndole regalos o permisos que no obtienen del padre que ha quedado a su cargo, y al que por lo general le toca poner las reglas y ser más estricto.

Desafortunadamente, algunos padres utilizan a sus hijos para vengarse de su antiguo cónyuge, impidiéndoles que se vean o hablándoles mal del otro a fin de que estén a su favor. Los hijos no tienen por qué ser parte del problema de sus padres ni sentirse culpables por amarlos y querer estar con ellos. El divorcio no implica que una madre o un padre deje de serlo.

Situaciones como estas nos pueden dar la oportunidad de acercarnos a los padres para hablar acerca de lo que ocurre con sus hijos sabiamente y con mucha prudencia. Recordemos que nosotros no estamos para enseñarles a los padres a ser padres (y con mayor razón para criticarlos o juzgarlos por lo que han hecho), sino para velar por el bienestar de nuestros jóvenes. Tal vez nuestra iglesia cuente con personas capacitadas (pastores, consejeros matrimoniales o sicólogos) o existan instancias especiales para que los padres reciban consejería, así que ofrezcámoselas.

Podemos ganarnos la confianza de los padres de nuestros jóvenes realizando reuniones especiales con ellos y brindándoles nuestro apoyo, como por ejemplo estando presentes en las ocasiones y fechas importantes como cumpleaños, graduaciones, enfermedades, etc. Mantengamos un contacto permanente con ellos, estando disponibles y localizables en caso de que nos necesiten.

Efectos del divorcio en la vida de los jóvenes

1. Efecto social:

- El rechazo y el abandono que experimentan los jóvenes aumenta las conductas hostiles y facilita que se integren a pandillas para delinquir.
- Aumenta la adicción a las drogas y el alcohol desde la infancia temprana.
- Aumenta el riesgo de abuso de menores por parte de su madrastra o padrastro.

2. Efecto familiar:

- Los padres enfrentan dos problemas, su propio divorcio y la relación con su hijo como padre divorciado. Esto debilita y deteriora las relaciones entre padres e hijos, pues algunos papás se vuelven permisivos o distantes.
- Aumentan los hogares con un solo padre, en su gran mayoría la madre queda a cargo de los hijos.
- No contar con la barrera de contención familiar (ambos padres) aumenta la iniciación temprana de la sexualidad, el embarazo adolescente y la promiscuidad sexual.
- Los hijos de padres divorciados suelen divorciarse con mayor frecuencia que aquellos que provienen de hogares con ambos padres.
- La cantidad de matrimonios disminuye.

3. Efecto educativo:

- Aumenta la inasistencia escolar.
- Disminuyen las probabilidades de acceder a la educación superior.
- Cambio o abandono del colegio, separación de los amigos, traslado de ciudad o barrio, etc.

4. Efecto en la salud:

- Aumenta la frecuencia de problemas psiquiátricos.
- Aumenta la tasa de depresión y suicidio.
- Aumenta el alcoholismo y el uso de sustancias químicas.

5. Efecto económico:

- Disminuyen los ingresos familiares.
- Pueden surgir cambios drásticos y disminuir el estándar de vida.
- Fuertes discusiones y problemas por un padre que no cumple con lo establecido legalmente.
- Probablemente la madre deba trabajar, por lo que los hijos se quedan solos.

Cómo equipar a nuestros jóvenes para que triunfen en su matrimonio

«Si te arrepientes, yo te restauraré y podrás servirme. Si evitas hablar en vano, y hablas lo que en verdad vale, tú serás mi portavoz. Que ellos se vuelvan hacia ti, pero tú no te vuelvas hacia ellos. Haré que seas para este pueblo como invencible muro de bronce; pelearán contra ti, pero no te podrán vencer, porque yo estoy contigo para salvarte y librarte —afirma el SEÑOR—. Te libraré del poder de los malvados; ¡te rescataré de las garras de los violentos!» (Jeremías 15:19-21).

Basta de lamentaciones por los malos augurios y las lapidarias estadísticas que escuchamos a diario contra el matrimonio. Creemos en el matrimonio y en el poder de Dios, así que volvamos a su plan inicial para formar una familia. Nuestros jóvenes no tienen que pagar por el fracaso de sus padres ni heredar cadenas de condenación que los lleven a repetir el mismo error o a experimentar las mismas cosas que ellos. Hay esperanza, para eso vino Cristo, a fin de desbaratar los planes maquiavélicos del diablo contra los hijos de Dios (véase 1 Juan 3:8).

Es urgente que nosotros como iglesia, los padres, pastores y líderes juveniles promovamos acciones efectivas que bendigan al matrimonio y la familia. Comencemos a ofrecer consejería prematrimonial desde la infancia a quienes serán los esposos, esposas y padres de la próxima generación.

Consejos prematrimoniales para el ministerio juvenil:

Derribando mitos y falsas expectativas

«Supongamos que alguno de ustedes quiere construir una torre. ¿Acaso no se sienta primero a calcular el costo, para ver si tiene suficiente dinero para terminarla?» (Lucas 14:28).

Somos por naturaleza egoístas, tenemos prejuicios, mitos, tabúes, temores, presiones, una cuota de religiosidad y sobre todo falsas expectativas frente al matrimonio.

Es fácil culpar a los demás, por eso hay que hablar claro: Lograr que un matrimonio funcione no dependerá tanto del otro cónyuge, sino de todo lo que uno mismo aporte para hacer de él o ella un mejor hombre o mujer cada día de nuestra vida hasta que la muerte nos separe.

Cuida tus motivaciones. Las razones equivocadas pueden llevarnos a tomar una pésima decisión que afectará el resto de nuestra vida: casarnos por motivos equivocados y terminar con un fracaso matrimonial.

- Lo primero es tener claras nuestras prioridades: en primer lugar Dios, en segundo tu cónyuge y en tercero los hijos.
- Dejar a nuestros padres, cortar el cordón umbilical. Debemos honrar a nuestros padres, pero desde el momento en que nos casamos nos independizamos, ahora formamos una nueva familia.
- ¡Advertencia! Nosotros no podemos cambiar a nadie, eso es obra del Espíritu Santo en la vida de las personas. Así que piensa dos veces si estás dispuesto a soportar y compartir toda tu vida con alguien que posea la forma de ser de la persona que tienes a tu lado.
- Conocer nuestros dones y capacidades facilita saber qué estudiar, a qué nos dedicaremos. Hacer aquello para lo que fuimos creados hace que nos sintamos felices, realizados y útiles, sin depender del «amor» o la aceptación de otra persona para sentirnos valiosos.
- El dinero es necesario, ayuda mucho, pero no da la felicidad. El consumismo puede destruir tu matrimonio. Prioricemos y luchemos por lo que realmente brinda felicidad y estemos dispuestos a renunciar a cosas que ofrecen una satisfacción pasajera.
- Los hijos no pueden ser «usados» para lograr o salvar un matrimonio. Así como tampoco el haber quedado embarazada siendo soltera debe ser un motivo para «tener» que casarse.
- No te cases porque te «sientes» muy enamorado. El amor es más que romanticismo, no es un sentimiento, es una decisión que se toma en la mente; de modo que incluso cuando «sientas» que se terminó, debes decidir comenzar de nuevo.
- El manejo del tiempo es vital. Es muy espiritual aprender a decirle que no a numerosos cargos, ministerios o responsabilidades dentro de la iglesia a fin de priorizar nuestro principal ministerio: nuestro cónyuge. La espiritualidad no es algo que se alcanza por la cantidad de horas que sirves a Dios.
- No lleguemos al matrimonio dando por hecho que si las cosas no funcionan como queremos la primera salida o solución es el divorcio.

El matrimonio no es...

- Ni debe ser la única meta para realizarnos en la vida. Es fundamental tener un proyecto de vida desde solteros.
- El lugar para «hacer misiones». Dios es claro y enfático: Dile no al yugo desigual (véase 2 Corintios 6:14). Debemos casarnos con alguien que comparta nuestra misma fe, valores y principios.
- Necesariamente para todas las personas. Permanecer solteros no es una enfermedad ni un castigo de Dios. Podemos ser solteros y ser totalmente felices. No te cases por la presión de tus pares.
- Lo que hará que dejemos de sentirnos solos. Estar casado con la persona incorrecta nos hará sentir terriblemente más solos e infelices.
- La forma de escapar de la «prisión» de tus padres para ser «independiente» y hacer lo que se te antoje.
- La solución para resolver los problemas de identidad sexual. En la adolescencia pasamos por muchas crisis, una de ellas es la de la identidad sexual. Si atravesamos por circunstancias dolorosas que dejaron traumas, temores o dudas, debemos pedir ayuda ahora y trabajar para sanarnos antes de casarnos.
- La forma de asegurarnos cierta estabilidad o seguridad económica, o de alcanzar un lugar en la sociedad.
- La solución para disfrutar del sexo sin quemarnos o aplacar nuestras hormonas sin remordimientos. La vida matrimonial es mucho más que correr por la casa en calzoncillos o juguetear bajo las sábanas… también hay tareas, trabajos y responsabilidades que cumplir.
- La motivación para tener hijos y realizarse como mujer, o prolongar tu apellido o darle nietos a tus padres.
- Color de rosa, libre de problemas y peleas. Aprender a comunicar nuestros sentimientos sin juzgar ni agredir es un arte que debemos dominar. La felicidad no está en coincidir el cien por ciento en todos los aspectos (¡qué cosa tan aburrida!). Las diferencias pueden ser un condimento que da «sabor» cuando se tratan correctamente.
- Un lugar para vivir con temor. Es un error quedarnos callados, aguantar y no enfrentar los conflictos por miedo a nuestro cónyuge o para guardar las apariencias. El paso del tiempo hará que el cansancio y las heridas que nos hemos provocado maten el matrimonio.

Sugerencias para las chicas

- Las chicas somos tan valiosas como los chicos. El machismo es dañino y pretende hacer sentir inferior a la mujer, no como la ayuda idónea que Dios creó para un hombre: una chica con inteligencia, capacidades, dones y talentos especiales, que unidos a los de un hombre se complementan. *«Después de esto, derramaré mi Espíritu sobre todo el género humano. Los hijos y las hijas de ustedes profetizarán, tendrán sueños los ancianos y visiones los jóvenes»* (Joel 2:28, énfasis añadido).
- Dependamos de Dios para servir dentro del cuerpo de Cristo, él no hace acepción de personas ni de géneros. Casarnos y tener a un hombre al lado a fin de abrirnos puertas para servir dentro de la iglesia es un grave error.
- Crecer con una carencia o una mala imagen paterna causa profundos daños a nuestra autoestima. Ningún esposo podrá llenar el vacío que hay en nuestro corazón ni sanar nuestras heridas. Esa tarea y lugar le corresponde al Señor, el resto viene por añadidura.
- No más chicas sin gracia y desaliñadas. Ellas deben sentirse y verse lindas y atractivas, pero no para hacer ostentación ni provocar. Queremos que sus esposos nunca se avergüencen de ellas, que se sientan orgullosos, las incluyan en sus trabajos y ministerios, y las presenten a sus amistades.
- La apariencia no es lo más importante ni lo que ve Dios, pero con honestidad, nuestros esposos y hombres de Dios no adulteran precisamente con mujeres desliñadas y tímidas. Las cosas entran por la vista. Cientos de «esculturas» pasan frente a sus narices y las codician con sus ojos, así que tenemos que cuidar nuestra apariencia.
- No es pecado que una chica, con una sana autoestima y una clara identidad en Cristo, tome algunas iniciativas para entablar una relación con algún chico.
- No te sientas mal por alcanzar un puesto o percibir un salario superior al de un hombre. Ser culta, tener tema de conversación y ser capaz de dar tu opinión son cualidades que un hombre sabio apreciará y admirará en ti. Él nunca te verá como su competencia, al contrario, serás su complemento.
- Si una chica quiere tener por esposo a un hombre atento, detallista, sensible y amable, entonces debe permitir que la trate como a un «vaso frágil». Ser vasos frágiles no es sinónimo de debilidad, incapacidad o inutilidad. Significa valorizar tu feminidad, reconocer y agradecer a Dios por hacerte distinta, especial, pero no inferior. ¡No compitas!

Sugerencias para los chicos

- No esperes ni trates de hacer que tu esposa sea como tú.
- Aprende a valorar sus diferencias, las mismas más que dividirlos deben complementarlos.
- Transfórmense en los mejores amigos. Aprende a escucharla con los ojos y después con los oídos.
- No le des a la apariencia la mayor importancia. Enamórate del contenido, no del envoltorio, este cambia mucho con los años.
- El rostro de tu esposa y su apariencia es el reflejo de lo que tú estás invirtiendo en ella y del trato que le estás dando.
- No hay trabajo ni ministerio que importe, ni valdrá la pena el éxito que hayas alcanzado, si tu esposa y tu familia no son lo primero.

HOMOSEXUALIDAD

Por Esteban Borghetti

Ser consejero en estos tiempos no es una tarea fácil, en especial cuando estamos hablando de aconsejar en situaciones que se relacionan con la sexualidad.

No sé si lo has notado, pero las consultas sobre adicciones sexuales en general y la homosexualidad en particular han aumentado de forma considerable. Las encuestas dicen que de cada diez jóvenes en tu grupo juvenil, al menos dos están necesitando ser aconsejados en cuanto a la afirmación de su identidad sexual, y es muy probable que justo por este motivo te dispusieras a leer este capítulo. Pues bien, deseo ser de ayuda y un buen colaborador frente a la posibilidad de tu próxima consejería.

Me gustaría comenzar con el fin en mente. Con esto quiero decirte que vamos a desarrollar una teoría sobre las causas de la homosexualidad para luego tocar algunos conceptos básicos relacionados con nuestra postura frente a un joven con atracción hacia el mismo sexo: qué decir y qué no decir, qué podemos esperar de nuestra consejería y cuáles serían las claves de un buen tiempo de consejería con respecto a este tema. Es obvio que resultaría casi imposible abarcar en un solo capítulo la amplitud del tema de la homosexualidad. Dios nos ha permitido escribir todo un libro sobre la homosexualidad y la juventud, publicado por esta misma editorial, en el que encontrarás un análisis más profundo del tema, pero aquí trataremos de sentar algunas bases que te ayuden a orientarte en la búsqueda de más información y materiales que acompañen a este escrito.

Hay una primera idea que debemos aclarar cuando comenzamos a ayudar a un chico o una chica que siente atracción hacia el mismo sexo, y es que la recuperación es sinónimo de no sentir más tentaciones homosexuales. Esto no es así. La realidad nos dice que una persona «recuperada» es libre de la adicción sexual que la dominaba, ha aprendido a vivir fuera de la práctica, reconoce que tuvo y tiene una debilidad en esa área y por ende será responsable de las acciones y decisiones que tomará en su vida, pero eso no significa que nunca más luchará con la tentación. Por el contrario, una persona «recuperada» será una persona tentada, pero que ha desarrollado un carácter que le permite vivir lejos de esa esclavitud. Esto significa que es una persona que correctamente se cuidará de lo que ve, oye y hace aun estando «recuperada».

Que digan no a ciertas situaciones o invitaciones no representa un síntoma de debilidad, por el contrario, evidencia una señal de madurez y una conducta responsable frente a su debilidad. Implica verse como personas vulnerables, lejos del mito del superhombre que puede contra todo.

Por otro lado, creer que «recuperarse» conduce a una boda forzosa es otro error muy común. El matrimonio heterosexual no es sinónimo de heterosexualidad. Muchos jóvenes piensan ingenuamente que si se hacen novio de alguien y se casan, se alejarían de la homosexualidad. No obstante, esto solo logra que la confusión aumente, la mentira se haga cada vez más grande, las nuevas responsabilidades resulten muy pesadas, y continúen luchando solos con sus pensamientos y deseos sexuales. El noviazgo heterosexual (como única solución) no es un camino hacia la recuperación, sino más bien hacia una mayor confusión.

Definición de homosexualidad

La mayoría de las personas homosexuales creen que nacieron «homosexuales». Con frecuencia, esta creencia brinda alivio y elimina la responsabilidad de lograr un cambio. Sin embargo, no existe una evidencia científica sólida con respecto a que una persona nazca homosexual. La mayoría de las personas homosexuales son normales desde el punto de vista genético. Son hombres o mujeres absolutamente completos en este sentido.

Para conseguir un punto de vista correcto, debemos tener en mente que en el desarrollo de la homosexualidad influyen varias realidades: los genes, el ambiente familiar, la fe, las experiencias de la infancia y los acontecimientos sociales. Y estos son solo algunos de los elementos que podremos encontrar entre las variables que integran el desarrollo de la atracción hacia el mismo sexo. Todas estas variables pueden «influir» en el resultado, pero no necesariamente producirlo. Desearía que tuvieras en mente que la homosexualidad no es el resultado lineal de un factor, sino una compleja interrelación de varios de estos factores. No obstante, y con el fin de establecer un criterio de trabajo con respecto a la consejería, intentaremos organizar una definición de la homosexualidad que nos ayude a entenderla.

¿Qué es la homosexualidad?

Podemos definirla como «una vivencia bio-psico-social-espiritual donde un individuo siente un impulso adictivo y erótico hacia personas del mismo sexo y de modo usual, pero no necesariamente, mantiene relaciones de intimidad física con ellas». Hemos elegido esta definición por ser la expresión más completa e integral que hemos encontrado con respecto a la amplitud de la problemática y porque consideramos que nos acerca bastante al complejo mundo de la homosexualidad.

Esta definición contempla tres ideas:

1. El concepto de integridad. Es una vivencia bio-psico-social-espiritual.

Todo lo que le sucede al ser humano influye en la integridad de sí mismo. Sería erróneo pensar que la homosexualidad solo cubre una de estas áreas. Si bien podemos encontrarnos con el hecho de que una de ellas resulte más afectada que otra, las tres restantes siempre estarán presentes. Si no tenemos esta realidad en mente al momento de ministrar o ayudar a algunos de nuestros jóvenes, la ayuda que les ofrezcamos podría ser escasa. Debemos tener una visión amplia de lo que está sucediendo, una visión global, una visión que involucre el estado de su familia, su estado espiritual, el tipo de relaciones sociales que establece, su historia de vida, el estado físico y sus vivencias psicológicas.

Todas estas áreas juegan un papel relevante en la definición de la identidad de género, pero no son excluyentes una de la otra. Se trata de una compleja interacción entre todos estos factores y vivencias.

2. El concepto de adicción y erotismo. Siente un impulso adictivo y erótico hacia personas del mismo sexo.

Los jóvenes que se encuentran en el mundo de la homosexualidad y desean cambiar son semejantes a aquellos que se encuentran sumidos en el mundo de las adicciones y quieren salir de él. Ellos sienten un impulso hacia la satisfacción del deseo, en este caso erótico. Sin embargo, el cambio no se consigue con solo proponérselo. No es tan fácil como solo decir: «Listo pastor, lo entendí, hoy cambio». Lo que se instauró en la mente y el cuerpo de estas personas es una adicción, y salir de ella lleva tiempo, trabajo y mucha voluntad. Es muy común escuchar decir a los jóvenes en los procesos de recuperación: «Cuando veo a una chica y un chico que son novios caminando por la calle, aunque no quiera, nace en mí sin proponérmelo un deseo fuertísimo de mirar al hombre». Experimentan esto como una fuerza interna que golpea sus mentes y los inclina hacia la homosexualidad. He escuchado a muchos líderes y pastores decirle a sus aconsejados: «No sientas eso», o «No permitas que esas ideas vengan a tu cabeza», o «En el nombre de Jesús hecha fuera ese pensamiento». Si bien la intención del consejo es correcta, no debemos olvidar que no es fácil y a veces hasta resulta imposible controlar ese tipo de pensamiento adictivo que irrumpe en sus mentes con tanta fuerza. Quizás lo importante aquí sería pensar en que salir de la homosexualidad es un proceso de restauración que toma tiempo y que el primer gran éxito es desarrollar carácter a fin de volver a empezar cada vez que la persona se equivoca, dejando a un lado la idea de que el «gran éxito» implica que ya no les atraigan las personas del mismo sexo.

3. El concepto del estilo de vida homosexual. De modo usual, pero no necesariamente, mantiene relaciones de intimidad física con ellas.

En nuestras iglesias hay muchos chicos y chicas que luchan con esta realidad. No han tenido ningún tipo de encuentro físico e íntimo con personas del mismo sexo, pero viven en la «duda homosexual», la cual muchos de ellos llegarán a resolver sin nunca haber tenido un encuentro íntimo con personas de su mismo sexo. Esto se debe a que la homosexualidad no está solo asociada a la intimidad física-genital entre personas del mismo sexo, sino a los sentimientos que tiene el chico o la chica frente a la atracción sexual, física, social o psicológica hacia personas de su mismo sexo.

Podemos pensar entonces que la homosexualidad es una conducta aprendida inconscientemente durante el desarrollo psicosexual en la infancia y la adolescencia.

A medida que el niño crece, se espera que vaya experimentando diferentes vivencias que construyan su psicosexualidad de una forma sana.

Según nuestra experiencia, la mayoría de los chicos con problemas de homosexualidad han vivido situaciones difíciles en el transcurso de su infancia, ya sea un abuso sexual por parte de alguna persona muy cercana a la familia o una mala identificación con su padre o madre (el niño con su padre y la niña con su madre).

El rol de los padres y la relación de los hijos con ellos son fundamentales para el correcto desarrollo de la psicosexualidad de un niño. A través de las vivencias del hogar es que se da la identificación por parte del niño o la niña con las figuras del papá y la mamá. Esta identificación en vital para el desarrollo de la sexualidad del menor. El padre (o una figura sustitutiva como un tío, abuelo, líder de la iglesia o pastor) es el que confirma al hijo o la hija en su rol. El padre es el que le dice a la niña: «¡Qué linda estás hoy!», «¡Qué bien te queda ese vestido!», «¡Qué bonita eres!», «Las niñas hacen esto o aquello». Y es el padre también el que acompaña al niño al deporte, le muestra cómo cumplir el rol de un hombre, cómo tratar a otros varones, cómo comportarse con las mujeres por medio de la forma en que trata a su esposa, y qué actitud tener frente al trabajo y otras responsabilidades.

Esta identificación con las figuras del hombre y la mujer se da fundamentalmente en el plano inconsciente del aprendizaje, sin que los padres, otras figuras relevantes o incluso el mismo niño o niña lo perciban.

Requisitos y aptitudes necesarias para un consejero en temas de homosexualidad

• El primer requisito para trabajar ayudando a jóvenes que sienten atracción hacia el mismo sexo es que el consejero esté seguro de sí mismo, que haya llevado a cabo su propio proceso de sanidad y adquirido una certeza en cuanto a su identidad sexual. Si alguna vez has tenido miedo de ser homosexual, has dudado de tu identidad sexual o has atravesado por alguna experiencia sexual negativa en tu infancia, si has hecho uso y abuso de la pornografía y nunca antes te has involucrado en un proceso de sanidad en estas áreas, deberías trabajar contigo antes de ayudar a otro. Si te identificas con algunos de estos aspectos que he mencionado, es mi consejo que no participes en un proceso de ayuda a un joven con atracción hacia el mismo sexo hasta que te hayas ocupado primero de ti mismo.

• Otro requisito para ser consejeros en este tipo de problemática es que hayas trabajado con responsabilidad en tu preparación técnica, te hayas instruido lo suficiente, tengas el hábito de capacitarte, y estés dispuesto a seguir haciéndolo incluso estando en medio del proceso de consejería. No debemos quedarnos solo con lo leído en algún momento, sino tener una sed de saber e instruirnos cada vez más. La problemática que estamos abordando es compleja, con muchas aristas, e involucra la historia personal, a la familia, su cultura, así como los rasgos y aptitudes heredadas.

• La experiencia nos indica que los tiempos de restauración son prolongados e indefectiblemente habrá momentos de éxito y otros de fracaso. Por esto es necesario que entiendas que se necesita de tu afecto, que haya espacio en tu corazón para el amor y la frustración, una disponibilidad a brindar tu tiempo, interesarte en la vida de tus jóvenes, escuchar sus alegrías y también sus fracasos. Aquel que se involucra en la tarea de ayudar a otro luchará entre dos tenciones: por un lado, comprender lo que le está sucediendo a la persona sin enjuiciarla, y por el otro, no avalar su conducta. Mantener un equilibrio entre mostrar su error y pecado, pero al mismo tiempo amar sin condiciones significativas por parte del consejero, es algo que se necesita para este tipo de consejería.

• Se necesita «caminar al lado». Nuestra tarea es acompañar, no colocarnos delante y parar todas las balas o quedarnos detrás y exponer al joven solo a todas las situaciones. Debemos permanecer a su lado, caminar juntos buscando la reflexión, siendo un apoyo, pero dejándole asumir la responsabilidad y las consecuencias de sus actos. Muchas veces nuestros jóvenes tomarán decisiones que nos causarán alegría, y entonces reiremos con ellos; en otras ocasiones realizarán acciones que nos causarán tristeza, y en ese momento, de la misma forma que antes reímos, lloraremos también con ellos. Lo difícil de esta tarea es que la decisión final de recuperarse no depende de nosotros, es una decisión exclusiva de la otra persona, nuestro lugar es «estar a su lado».

• Trabajo en equipo interdisciplinario. En necesario que para abarcar este tipo de vivencias estés dispuesto a formar parte de un equipo, a ser uno más en un colectivo. Que tengas la sencillez y la humildad de escuchar y valorar la opinión de otros sobre tus propias acciones y las del joven que están aconsejando. Mi consejo es que formes un equipo con psicólogos, psiquiatras, otros consejeros familiares y un equipo pastoral, donde cada uno aporte sus capacidades y dones, trabajando juntos en el mismo tema.

• Uno de mis puntos fuertes en el tratamiento con jóvenes que sienten atracción hacia el mismo sexo es la expresión sincera y sana de amor hacia ellos, más allá de si estoy de acuerdo o no con lo que están haciendo. Crear un vínculo de amor sano y puro entre tú y tu aconsejado ofrecerá el mejor canal para la expresión del amor del Padre en la vida de tu joven. Es justo el amor redentor de nuestro Padre celestial expresado por medio de tu vida lo que le permitirá a ese joven conocer nuevos espacios y redimirse de aquellos malos vínculos con sus padres terrenales. Quisiera aclarar que no estoy hablando de amar al joven sin mostrarle su error, esto no sería amar, sino de amarlo más allá de su condición y mostrarle con esperanza el camino para volver a empezar.

Aptitudes y requisitos del que pide ayuda

¿Qué condiciones son necesarias en la persona que pide ayuda para que tu tiempo de trabajo sea provechoso?

• Lo primero que les pregunto es: «¿Quieres recibir ayuda?». Te parecerá raro hacer esta pregunta, pero son muchísimos los casos en que cuando los pastores o los padres de los jóvenes se me acercan para pedirme un consejo acerca de cómo ayudar a un joven a cambiar, lo primero que les pregunto es si el chico pidió ayuda, porque no se puede ayudar a alguien que no quiere ser ayudado. Me asombra ver a Jesús preguntándole a un ciego si quería ser sano. ¿No era más que obvio lo que necesitaba? ¡Por supuesto! Sin embargo, el pedido de ayuda debe venir de nosotros. Es difícil permanecer en oración y esperando frente a la necesidad evidente de otra persona, pero eso es lo que Jesús hace frente a nuestra necesidad, tan innegable ante sus ojos. Lo mejor que podemos hacer hasta que llegue el momento del reconocimiento y recibamos un pedido de ayuda es permanecer en oración y atentos a cualquier señal de cambio, así como el padre del hijo pródigo, que esperó ver el regreso de su hijo antes de recibirlo de nuevo como su heredero.

• Es muy probable que la persona que se acerque a ti para pedir tu ayuda lo haga después de un largo tiempo de heridas y fracasos, y que se encuentre frustrada con respecto al auxilio de Dios para su vida y su problemática. También es muy común que los jóvenes luchen solos contra este tipo de adicción. Normalmente, estas conductas solo intensificarán el problema y traerán más frustración, pero es necesario que nuestro aconsejado haya entendido que no puede luchar solo, de modo que al buscar ayuda frente a sus temores, ansiedades, luchas e infortunios encuentre alivio a su carga y renueve su esperanza. Solo al asumir esta actitud y reconocer la necesidad de una guía, la luz y el amor de Jesús comenzarán el proceso de sanidad en la vida del joven. Nuestra tarea será volver a alentar ese corazón con las buenas nuevas del evangelio, infundiendo esperanza al explicarle lo que Dios quiere y puede hacer con su vida. Analizar su vida bajo la perspectiva de lo que Dios tiene para él en este nuevo tiempo le dará la vitalidad necesaria para encarar este proceso de sanidad.

• Es importante que el joven que confiesa su problema y pide ayuda entienda que «el bienestar» que espera obtener no es un logro «mágico», sino el resultado de un proceso. Un proceso que toma tiempo y esfuerzo. Nuestra juventud tiene una forma de pensar fantasiosa. Los chicos piensan que si frotan «la lámpara de Aladino» el genio concederá sus deseos, esperan prodigiosamente «el numero ganador» que les cambie la vida para siempre, la oración «mágica» que solucione todos sus problemas. Soy un creyente ferviente en el poder divino, pero he visto que Dios tiene dos formas de actuar en una vida, él actuará por medio de un milagro o a través de un proceso. El milagro es ese accionar de Dios que elude toda ley natural —una enfermedad que es sanada sin la intervención médica, un trámite molestísimo y burocrático que se resuelve sin tener que hacer filas y llenar papeles— abarcando todo aquello que sucede de forma sobrenatural y obviamente nos llena de alegría y felicidad. Sin embargo, la verdad es que la mayoría de las veces he visto a Dios trabajando en la modalidad de «proceso». El proceso también es un milagro, pero un milagro que te involucra a ti como principal protagonista. El proceso obra sobre tu carácter, tu voluntad, tu constancia, tu disciplina.

• La persona que quiere ser ayudada deberá aceptar que tendrá que hacer cambios y que esos cambios significarán renunciar. Renunciar a sus deseos de venganza y sus broncas. Renunciar a sus fantasías de éxito y perfección. Renunciar a lo que debía haber sido, aceptando las cosas como son y según sucedieron. Es necesario entonces que los jóvenes que determinan experimentar un cambio entiendan que necesitarán paciencia para lograr un reaprendizaje de sus costumbres. Un reaprendizaje en cuanto a la forma de relacionarse con su familia, el modo de entretenerse, sus hábitos, el vínculo con el sexo opuesto y las personas del mismo sexo, los amigos, el manejo del tiempo, la manera de comunicarse y sus modales.

• Será necesario que los chicos comprendan que se tratará de una victoria progresiva frente a las tentaciones. Hay dos palabras que me encantan en esta frase, la palabra «progresiva» y la palabra «frente». La palabra «progresiva» me gusta porque muchos de los jóvenes que me consultan, por no decir la mayoría, quieren lograr la victoria de la noche a la mañana. Es bueno que entiendan que la victoria sobre la pornografía es progresiva, al igual que la victoria frente a la masturbación y el deseo sexual hacia personas del mismo sexo. El triunfo radica en que esta semana vieron menos pornografía que la anterior, no se masturbaron la cantidad de veces que lo hicieron la semana pasada, y son más firmes hoy que días atrás para decirle que no a la tentación sexual de mirar o seducir a otro chico o chica de su mismo sexo. Por otro lado, nosotros como líderes debemos alentar el cambio por minúsculo que sea, animarlos a seguir adelante y no bajar los brazos. La otra palabra que me gusta es «frente». Esto se debe a que da la idea de que el chico reconoce que tiene un problema. Él está enfrentando la más grande dificultad de su vida, la tiene presente, no se ha desentendido de ella. Entonces, justo en esa instancia, podrá obtener cualquier tipo de ayuda para su vida. Estas son condiciones fundamentales para la recuperación: reconocer que tengo tentaciones, que poseo una estrategia para vencerlas y que me dispongo a cambiar.

¿A qué le llamamos recuperación?

Como dijimos antes, la palabra recuperación es muy complicada. Un joven no se considerará recuperado cuando deje de tener tentaciones con otros de su mismo sexo, sino una vez que haya alcanzado la madurez para saber mantenerse libre de esa tentación. Por lo tanto, para alcanzar la recuperación, es necesario que acompañemos a nuestro aconsejado a través de varios pasos:

• Mantener en el tiempo los cambios de hábitos y conductas. No solo debe reconocer su debilidad, sino enfrentarla y lograr una victoria progresiva y sostenida a lo largo del tiempo. No estoy diciendo que no tendrá retrocesos en sus avances, esto nos pasa a todos los que nos disponemos a vencer una debilidad, sino que al dar pasos hacia adelante y hacia atrás, la persona consigue un avance, aunque sea lento, con respecto a sus debilidades.

Como dijimos antes, la recuperación implica un cambio de hábitos: en el vestir, los movimientos de las manos, el tono de vos, la forma de relacionarse con otros del mismo sexo y del sexo opuesto. No pierdas de vista que estos hábitos que vas a ayudar a cambiar han sido desarrollados, usados y practicados durante mucho tiempo, por eso es necesario que tengas paciencia y alientes al joven a que se esfuerce en cambiar por difícil e imposible que le parezca.

• Llegar al punto de reconocer como extraño su estilo de vida pasado. Aquí vas a escuchar a tu aconsejado decir: «Porque esto era yo…», o «Yo hacía eso…», o «No entiendo cómo aceptaba tal cosa», o «No comprendo por qué no hacía tal otra cosa», o «¿Cómo es posible que pensara que nunca me iba enamorar de alguien del otro sexo?». Lo verás responsabilizarse por su pasado, pero no mantenerse atado al mismo. Observarás que toma decisiones en su vida con todo cuidado, aunque para estas alturas sea un hombre totalmente libre de su estilo de vida pasado.

• Alcanzar la madurez para asumir responsabilidades sin dañar otras áreas de su vida. A estas alturas del proceso de recuperación el joven estará listo para encarar tareas de responsabilidad frente a otras personas: compromisos como el de tener una pareja, liderar un grupo, acompañar a otra persona en el proceso de crecimiento, asumir una posición de liderazgo en la iglesia o criar una familia. No es que antes no tuvieran las condiciones o el talento para hacerlo —por el contrario, comprobarán que aquellos jóvenes que luchan con la atracción hacia el mismo sexo son sumamente talentosos e inteligentes— sino que su corazón y en especial su sexualidad no estaban en condiciones de asumir estas responsabilidades de forma sana.

Espero que todo lo dicho te haya sido de utilidad en tu tarea de iniciar un proceso de consejería con un joven que lucha con la homosexualidad, aunque es obvio que lo expuesto en este capítulo es solo una pequeña ayuda para el camino que tienes por delante. Recuerda que estamos para apoyarte. Podrás consultar más bibliografía y materiales en el libro *Homosexualidad y juventud* o en la página web de la fundación que presido (www.grupointegra.org), donde atendemos específicamente este tipo de consultas.

Oro que Dios te use con poder y que muchos jóvenes encuentren alivio por medio de tu trabajo. Dios te bendiga.

CARICIAS EN EL NOVIAZGO

Por Esteban Obando

Un problema común

Dentro de la iglesia, los asuntos relacionados con la sexualidad son unos de los más escandalosos y los que traen mayores consecuencias. Esto se debe a que hemos categorizado el pecado y el área sexual ha quedado entre las más oscuras y clandestinas. No quiero decir que no sean cosas serias, pero tenemos que aprender a verlas como lo que son: problemas que viven a diario nuestros chicos y que por la barrera que hemos levantado alrededor de ellos les es muy difícil confesar.

Una de las cosas que puedes hacer si quieres perder la confianza de tus jóvenes es alarmarte cuando escuches sus problemas. Ellos ya acuden a ti con la mentalidad predispuesta de que van a escuchar a un adulto que los juzgará y criticará. No seas uno de esos. No te escandalices cuando escuches que un chico y una chica están explorando territorios de sus cuerpos que aún no les están permitidos. No te estoy diciendo que lo aceptes o los felicites por esto, solo te sugiero que no hagas una escena y te enfoques en la mejor manera de ayudarlos a salir del problema.

Ten presente que ellos vienen con la vergüenza en sus rostros. No necesitan que se lo recuerden. Han sucumbido a sus deseos primarios y roto los preceptos que siempre han tenido. Eso es algo normal y muy común. El hecho de que no hablen de ello no quiere decir que no estén pasando por estas cosas, simplemente significa que no las mencionan.

Curándose en salud

La labor del líder consejero es sumamente importante en medio de las parejas y las relaciones que nuestros jóvenes están desarrollando. Parte de un buen liderazgo tiene que ver con el proactivismo. Debes dar el primer paso antes de que las cosas sucedan. Muy a menudo nos encontramos con situaciones que ya están ocurriendo y no pueden prevenirse. Y las mismas ya han tenido consecuencias y causado daño a nuestros chicos.

Así que, ¿cómo identificamos qué parejas de chicos están a punto de confrontar este problema? La respuesta es muy sencilla: ¡todas! Incluso si ves a dos chicos juntos leyendo su Biblia y orando en pareja, debes saber que ellos también atraviesan estas tentaciones. Cada vez que estén solos en el sofá de la casa, sus hormonas empezarán a hablar tan fuerte que muy posiblemente se olviden del sermón que diste con respecto a la pureza sexual. Si existe una preocupación seria y honesta de tu parte, de seguro que ellos te lo van a agradecer. No esperes a que una pareja más tenga consecuencias que afecten el resto de sus vidas.

Es evidente que debes haber pasado un tiempo previo con cada una de las parejas para ganarte un poco de credibilidad en cuanto a la honestidad con que te acercas a ellas. Ya existen demasiados jueces en nuestras iglesias que quieren mantener a nuestros chicos «portándose bien», pero que no han dedicado su tiempo ni invertido en la vida de estos jóvenes. No caigas en esa categoría y decide convertirte en una persona de influencia en medio de tus chicos. Te aseguro que el impacto que tendrás después de haber invertido tiempo en cultivar relaciones sanas será mucho más profundo y duradero que el que podrás lograr con reglas y legalismos.

No pierdas tiempo. Decídete hoy a identificar a cada pareja de tu grupo juvenil, y antes de bombardearlos con preguntas, aclaraciones y recomendaciones con respecto a este tema, asegúrate de reforzar tu relación con ambos chicos. Conócelos y demuéstrales que los amas y quieres lo mejor para sus vidas.

¿Qué sucede si nunca he tenido una relación de noviazgo estable o no he pasado por estas experiencias?

Nuestra consejería se divide en dos áreas: la teórica y la práctica. La teoría es clara y podemos manejarla muy bien. Esto siempre ayuda. Sin embargo, el hecho de que tú mismo hayas pasado por estas cosas te da una gran autoridad, ya que puedes decir sin problema: «Te entiendo, yo también he estado allí». No tengas miedo de usar tu experiencia (sin dar muchos detalles) para identificarte con la pareja. Déjales saber que lo que viven no es extraño y que juntos es posible superarlo.

Ahora bien, si nunca has tenido estas experiencias o la pareja que te preocupa es mayor que tú, te recomiendo que busques un recurso adicional para ellos. Es muy probable que no seas el indicado para ayudarlos, pero no por eso debes dejar de buscar ayuda. Aún necesitas ganar un poco más de autoridad en estas áreas y las experiencias vividas y los años te la darán, sin embargo, esto no significa que no puedas expresar lo que sientas o consideres correcto, aunque puedas ser más profundo y pertinente en unos años.

Quisiera aclarar que no necesitas haber caído en la fornicación para poder aconsejar. Solo hablo en materia de autoridad moral.

Y a todo esto, ¿por qué no?

Dentro de lo que hemos aprendido, sabemos qué cosas podemos hacer y cuáles otras no deberíamos intentar. Como cristianos se nos han enseñado una serie de reglas que debemos seguir. La mayoría de ellas son correctas, sin embargo, hemos fallado a la hora de dar una explicación convincente y bíblica de por qué no hacemos ciertas cosas. En el tema de las caricias y el noviazgo, vas a encontrarte con una pregunta que tendrás que estar listo para responder: «¿Y por qué no? Después de todo, no le hacemos daño a nadie. Es más, resulta placentero y nos demostramos amor de esa forma. En la televisión me aconsejan que exploremos nuestros cuerpos, que esto es sano. Además, no tenemos relaciones sexuales en sí, solo nos estamos conociendo; y si algún día llegáramos al sexo, tampoco estaría tan mal, solo tendríamos que cuidarnos un poco».

Cuando esto ocurra, no puedes darte el lujo de responder: «Porque es pecado», ya que entonces te enfrentarás a otra pregunta: «¿Y por qué es pecado?». Posiblemente te verás tentado a responder: «Porque la Biblia lo dice». Y entonces sí que te verás en un aprieto, ya que la Biblia no lo dice. Debes entender que los valores y la forma de razonar de nuestros jóvenes en el siglo veintiuno son muy diferentes a lo que se nos enseñó años atrás. Lo que para ti es sagrado y no necesita explicación, para ellos será materia de escrutinio o de lo contrario no lo creerán. ¿Estás listo para darles una respuesta bíblica e inteligente a las parejas de tu grupo?

Quisiera darte dos puntos de vista por los cuales ciertas caricias dentro del noviazgo no son recomendables. Asegúrate de entenderlos adecuadamente antes de usarlos con tus chicos:

1. Límites y adicción: El sexo es adictivo. Así de simple. Dentro del marco del matrimonio esta es una noticia fantástica. Permite que los esposos se estén encontrando constantemente en la intimidad y además refuerza las relaciones entre ambos. En el noviazgo las cosas son diferentes, excepto por lo de la adicción.

Una pareja que está practicando el sexo fuera del matrimonio no empezó a relacionarse de esta manera. Es muy posible que todo se iniciara con un apretón de manos, pero más adelante eso no fue suficiente y recurrieron al abrazo. Sin embargo, los abrazos pronto dejarán de satisfacerlos y querrán algo más. Y en poco tiempo aquello que prometieron no hacer se habrá convertido en parte de su relación. ¿Por qué? ¿Debido a que se propusieron como meta ir más allá? ¡No! Todo ocurre porque este vicio los ha atrapado. Y como todo vicio, usualmente se necesita ayuda externa para salir de él.

En lo que se refiere al tema de los límites sucede algo muy interesante. El ser humano conoce las cosas que le hacen daño. Por eso se establecen límites a modo de protección. Sin embargo, nos encanta estar justo al borde de cada límite. Nos cuenta trabajo permanecer en el centro de lo que creemos. Nos mantenernos dentro de los límites, pero rozando el borde y anhelando las cosas que están más allá. Lo que sucede a continuación es que a fuerza de estar mirando más allá empezamos poco a poco a mover nuestros límites y a tolerar cosas que antes no tolerábamos. Esto es lo que llamamos progresión, y al nivel sexual una cosa lleva a la otra.

Muchas de las parejas que vienen a consejería me dicen: «Ya lo hablamos y prometimos no llegar nunca al sexo antes de casarnos». Eso está muy bien, pero nunca he escuchado a alguien decir: «Ya lo hablamos y prometimos nunca traspasar los pequeños límites que hemos establecido». Las parejas por lo general se enfocan en lo de más allá: el sexo. No obstante, no se dan cuenta de que al igual que una droga adictiva las caricias los van llevando de una manera «inocente» del cariño y el amor a la lujuria y el pecado.

Algo que debes mencionar siempre en esta clase de consejería es que la adicción a las caricias y al contacto físico con la otra persona te irá «acercando» poco a poco al punto de no retorno. Este punto se caracteriza porque si bien aún no hemos llegado al acto sexual mismo, como seres humanos se nos dificulta en gran manera detenernos. Veámoslo así:

Besos ==> Caricias «inocentes» ==> Caricias «ilícitas» ==> Sexo oral ==> Sexo

Esta es una posible progresión para una pareja «promedio» de cualquier grupo juvenil. Cuando se inicia la relación, tus chicos se hallan en la posición uno: los besos. Esta es una de las cosas que en teoría empiezan a diferenciar la amistad del noviazgo. En este punto, tus chicos podrían prometer sobre la Biblia que jamás llegarán al sexo. Sin embargo, no estarán tan seguros de no llegar a las caricias «inocentes». Tal cosa ocurre porque están muy cerca de un límite establecido. No obstante, una vez que se ha cruzado el límite «pequeño», se llegará a un punto donde romper los límites se convierte en la norma de la relación. Las culpas o los remordimientos de conciencia ya no existen y están listos para romper una vez más el siguiente límite.

Es por eso que decimos que el éxito de una pareja no está en prometerse no llegar al sexo, sino en conocerse adecuadamente y establecer límites en lo pequeño. Esta es sin lugar a duda una tarea difícil, y es allí donde el líder juvenil debe jugar un papel protagónico. Más adelante veremos cómo.

En Génesis se nos cuenta la famosa historia de José, quien un día se vio asediado por la esposa de su jefe, Potifar, la cual se le insinuó y le pidió descaradamente que tuviera relaciones con ella (puedes leer el relato en Génesis 39). José, uno de mis héroes de la Biblia, pudo haber actuado de muchas maneras. Pudo pensar: «Voy a disfrutar con esta mujer un rato de caricias y besos, pero por nada del mundo me acostaré con ella, eso estaría mal». Sin embargo, el verso 12 afirma que en lugar de eso, salió corriendo, y era tal la forma en la que esta mujer lo tenía agarrado que tuvo que dejar sus ropas en las manos de ella. Esta es la clase de determinación que cada pareja necesita. José actuó con la cabeza y huyó.

2. Consecuencias: De este tema hemos hablado muchísimo en la iglesia, pero usualmente lo enfocamos de una única forma: pecado, embarazo y enfermedades venéreas. No niego que estas son consecuencias de un comportamiento sin límites en lo que se refiere a la sexualidad, pero a la vez son resueltas con facilidad por la pareja. Si dos jóvenes me plantearan el caso y yo respondiera con el tema del embarazo o las enfermedades venéreas, ellos podrían simplemente decirme: «Usaremos anticonceptivos, así evitaremos el embarazo». Si ese fuera nuestro único argumento, nos veríamos una vez más en un gran aprieto, ya que han hallado la solución al «problema» de tener relaciones sexuales sin el compromiso del matrimonio. Es por esto que mencionaba antes la necesidad de tener fundamentos sólidos cuando hablemos con nuestros jóvenes. ¡Desde luego que estas son cosas que se deben contemplar! ¡Y desde luego que el riesgo que se corre es alto! Sin embargo, no me lo digas a mí ni trates de convencerme, debes hacerlo con tus jóvenes. Recordemos además que el argumento de «nosotros no llegaremos tan lejos» no es válido, ya que según ellos pasar del límite uno al veinticinco es imposible, pero del uno al dos sí es muy factible. Como mencioné antes, esto es algo progresivo, y llegará el momento en que estén debatiéndose si pasan del límite veinticuatro al veinticinco. Ampliaremos más este tema en la siguiente sección.

¿Por qué existe el sexo?

Si bien esta pregunta se puede contestar en tres palabras, puedes usarla para aconsejar a la pareja. El sexo fue diseñado por Dios. Eso significa que es bueno. Además, fue creado con propósitos claros. Puedes usar la pregunta para saber si tus jóvenes quieren lograr los objetivos del sexo. Estos son:

PLACER. La respuesta es obvia: «¡Sí! Sí queremos placer». Los jóvenes quieren lograr este objetivo. Y cualquier persona casada puede darte fe de que esto es cierto. En los matrimonios, el placer resulta necesario para que los esposos se busquen constantemente. No obstante, el problema está en que durante el noviazgo el efecto es el mismo. De modo que los novios empiezan a buscarse casi exclusivamente para disfrutar de las caricias sexuales. Esto deteriora el proceso de conocimiento mutuo que deberían experimentar en esta etapa previa al matrimonio.

UNIDAD. Moisés escribió en Génesis 2:24: «Por eso el hombre deja a su padre y a su madre, y se une a su mujer, y los dos se funden en un solo ser». En el matrimonio, una vez más, es necesario que los esposos se unan más emocionalmente con cada relación sexual. El problema es que durante el noviazgo el efecto es el mismo y los casos de los novios que no terminan juntos después de un tiempo se cuentan por millones. ¿Podemos estar seguros de que esta es la persona a la que queremos entregarle nuestra sexualidad de por vida? He sido testigo de muchos noviazgos que viven en medio de una disfuncionalidad increíble, ya que tienen muchos problemas que en otras circunstancias los harían separarse, pero como han tenido sexo previamente, hay algo que los frena de hacerlo. De esta forma viven relaciones enfermizas plagadas de muchos problemas.

PROCREACIÓN. Este es el punto sobre el que casi todos te dicen: «No, aún no estoy listo». Lo «gracioso» de todo esto es que a pesar de no estar listos y ni siquiera desearlo, se encuentran dispuestos a correr el riesgo por un momento de placer. Debes hacerles saber a tus jóvenes que esta posibilidad siempre está latente. Aun con los mejores métodos anticonceptivos el porcentaje de seguridad nunca es del cien por ciento y siempre se corren riesgos.

¿Por qué esperar?

• Existe una razón moral. El Dios bíblico claramente dice que esperemos. Algunas personas piensan que Dios quiere hacernos infelices. En realidad, él nos ama y desea lo mejor para nosotros. Hay razones prácticas para esperar.

• El sexo prematrimonial puede atentar contra una relación fuerte y una vida amorosa y satisfactoria. Demasiado a menudo es meramente una experiencia autogratificante. Luego de un encuentro sexual íntimo, las cosas pueden confundirse entre ambos. Después de todo, no están comportándose de la forma correcta y el Espíritu de Dios les puede hablar a su corazón.

- Muy a menudo al sexo prematrimonial le falta un compromiso total y permanente. Esto puede crear inseguridad y cierto nivel de decepción. Entendemos que el amor es más que el sexo, de modo que cuando cedemos a las tentaciones, le estamos diciendo algo a la persona que amamos: «La tentación pudo conmigo. No soy tan fuerte como creías». Aunque no me lo creas, un hombre o una mujer con convicciones firmes resultan atractivos para la otra persona.

- El testimonio de una mujer fue: «Yo esperé porque Dios lo dijo, porque había muchas ventajas prácticas, y porque ninguno de los argumentos que escuché a favor de no esperar fue lo suficiente fuerte».

¿Y si no pasa nada?

¿Y qué si no hay ninguna consecuencia? ¿Qué tal si los jóvenes no se sienten mal? ¡No ocurrió nada! No hubo embarazos, nadie se enteró y disfrutaron de un momento genial. ¿Es posible que esto suceda? La respuesta es sí. Esto podría suceder. Es igual que jugar con fuego y no quemarse (pero sigue siendo peligroso, ¿no?). De todas formas, no podemos negar que es algo irresponsable y arriesgado. Eso es justo lo que debemos pensar ante el mandato de Dios: que él quiere cuidarnos y protegernos. Las acciones siguen siendo, a nivel moral y espiritual, pecado. No importa si hubo o no consecuencias visibles del hecho. Como líder debes estar listo para responder a esta situación.

Tu participación

Antes de iniciar una charla con los chicos, recuerda algunos detalles:

- No aconsejes de este tema a jóvenes solos del sexo opuesto al tuyo. Las cosas tienden a confundirse y necesitas mantener todo bien claro.

- ¡Escucha a tus chicos! Muchas veces estamos tan ansiosos por resolver el conflicto que no los escuchamos. Además, el problema aquí es de dos. No sabes si la responsabilidad o la culpa la están sintiendo ambos, solo uno o ninguno de los dos.

- Las preguntas son claves. Una vez que hayan hablado, trata de obtener la mayor cantidad de información a través de tus preguntas. Para ellos es muy difícil y vergonzoso decir en voz alta lo que han hecho, pero muchas veces esto resulta liberador. Algunas preguntas que les puedes hacer son las siguientes:

　　　—¿Por qué vienen a hablar conmigo?
　　　—¿Cómo se sienten con lo que está pasando?
　　　—¿Cuál es el futuro que ustedes le ven a esta relación?
　　　—¿Qué han hecho para detener esto?

—¿Por qué no ha funcionado?

—¿Cómo te está lastimando esta situación?

—¿Están concientes de cómo esto puede dañarlos?

—¿Cuáles son los límites que han establecido juntos?

—¿Cuáles son los hábitos que comúnmente practican como pareja?

—¿Qué están dispuestos a hacer para salir de esto?

Agrega tus propias preguntas para que te ayuden a aclarar el panorama. Las preguntas deben ser en todo momento abiertas, es decir, preguntas que no se respondan con un «sí» o un «no», sino que obliguen al joven a pensar y dar respuestas más desarrolladas. Además, es importante que, guardando el respeto, sean ellos los que contesten estas preguntas. No las respondas por ellos. Que se den cuenta de las cosas por su propia boca.

Después de todo este proceso, dirige la atención de tus chicos hacia la siguiente estrategia, recordándoles lo que la Biblia dice al respecto: «*Ustedes no han sufrido ninguna tentación que no sea común al género humano. Pero Dios es fiel, y no permitirá que ustedes sean tentados más allá de lo que puedan aguantar. Más bien, cuando llegue la tentación, él les dará también una salida a fin de que puedan resistir*» (1 Corintios 10:13).

Primero: Identifica y evita. No esperes que las cosas se den por arte de magia. Identifica con papel y lápiz los momentos en los que tropiezan y caen. Debemos tener claro cuándo suceden las cosas. Ellos se sorprenderán al ver que son solo unos cuantos escenarios los que los empujan a esto.

Segundo: Actúa. Si ya han identificado cada cosa, debes hacer algo al respecto. Es evidente que ellos solos no pueden salir adelante, así que será necesario involucrar a alguien más. Se necesita actuar en períodos de «sobriedad», ya que en el calor del momento no podrán hacer nada. Las personas involucradas pueden ser tú como líder, los padres como dueños del lugar donde las cosas suceden y alguna pareja que sirva como mentores de los chicos. La clave está en diseñar una estrategia para salir adelante. Tu participación es fundamental. Deberás llamarlos a rendirte cuentas con bastante regularidad y exhortarlos con mucho amor. Puedes además darles algunos materiales para que los lean, los resuman y luego te los entreguen. Esto ayuda, ya que les demandará tiempo (que dejarán de emplear en hacer otras cosas) y se instruirán en cuanto a las cuestiones sobre las que estén leyendo. Los temas pueden variar, incluyendo el respeto mutuo, las implicaciones de ser padre o madre, la sexualidad sana durante el noviazgo, entre otros. Con un «ancla» objetiva como tú, verán grandes cambios en su relación. Les recordarás constantemente que están batallando y que no pueden bajar la guardia. Anímalos a que cambien de ambiente para variar, den paseos por el barrio y pasen el menor tiempo posible en lugares privados. Esto requiere que la pareja haga un calendario y sé que puede acabar con la espontaneidad, pero por un tiempo, mientras se fortalecen y vencen el problema, es mejor de esta manera.

Tercero: Siembra en sus hábitos. Salir de esta situación no es sencillo. Deben empezar a llenar su mente de cosas buenas, justas, honestas y dignas de cada uno. Búscales un devocional semanal que implique tomar papel y lápiz y llenarlo. Ten reuniones periódicas con ellos donde puedan comentarte lo que han estado aprendiendo y anímalos a seguir adelante. Ora con ellos y motívalos a que oren juntos cada vez que se vean. No permitas que falten a los servicios de la iglesia y a la enseñanza de la Palabra de Dios, no estamos tratando de crear a dos religiosos más, pero queremos que sus mentes estén en el lugar adecuado.

Algunas citas que te ayudarán son las siguientes.

Ellas hablan de la prohibición de la práctica de la fornicación. En esta etapa es sumamente importante que tus chicos sepan que lo que están haciendo está mal y es muy peligroso, por eso Dios lo prohíbe.

- Hechos 15:20
- Hechos 15:29
- Hechos 21:25
- 1 Corintios 5:1
- 1 Corintios 6:13
- 1 Corintios 6:18
- 2 Corintios 12:21
- Gálatas 5:19
- Efesios 5:3
- Colosenses 3:5

Sobra decir que debes adquirir el compromiso de orar por tus jóvenes constantemente.

PROBLEMA #5

BULIMIA Y ANOREXIA

Por Patty Marroquín

Corrían los años setenta. Tenía todos sus discos, cantaba todas sus canciones… ¡ella era mi cantante favorita! Su voz, un talento natural, era una de las más extraordinarias que he escuchado. Resultaba ser además una excelente baterista y junto con su hermano, compositor y arreglista de éxitos internacionales, formaban un dúo que hizo historia en el mundo musical.

Se trataba de una chica sencilla, dulce, más bien tímida, a la que todo el mundo amaba y admiraba. Sus fotografías, discos y éxitos eran el pan de todos los días. En el escenario se veía glamorosa, feliz y segura de sí misma, pero en su interior existía otra persona: insegura, acomplejada, melancólica y deprimida.

Haber alcanzado el éxito y la admiración del mundo entero no fue suficiente para borrar de su mente algo que la atormentaba. De niña y adolescente sufrió terriblemente por ser la típica niñita rellenita (no estaba programada genéticamente para ser un «fideo») de la cual muchos se burlaban, así que desde entonces vivió aterrorizada por la idea de ser gorda.

Un fatídico 4 de febrero de 1983 escuché la terrible noticia: ¡Karen Carpenter ha muerto! A la edad de treinta y dos años, el mundo perdió a una de las voces más bellas que se han escuchado debido a una extraña y desconocida enfermedad de la cual muy pocos o casi nadie había escuchado hablar hasta ese momento: la «anorexia nerviosa».

Han pasado más de veinticinco años de su muerte y los ahora conocidos desórdenes alimenticios, en especial la bulimia y la anorexia, siguen cobrando la vida de muchas personas, entre ellas miles de jóvenes y adolescentes en edades cada vez más tempranas, que no ven esperanza alguna en sí mismos y desconocen a ese Dios que los ama y los puede ayudar.

«¿Qué busco con esto: ganarme la aprobación humana o la de Dios? ¿Piensan que procuro agradar a los demás? Si yo buscara agradar a otros, no sería siervo de Cristo» **(Gálatas 1:10).**

Los jóvenes se matan de hambre

Cada día estamos más informados de los llamados trastornos de la conducta alimenticia, tales como la bulimia y la anorexia. Sabemos que se han convertido en una verdadera epidemia con cifras alarmantes, en particular entre las chicas adolescentes.

Es bueno conocer más de estas «nuevas enfermedades», pero eso no es suficiente para prevenirlas o evitarlas. Debemos ir más profundo, a la raíz de lo que las origina, y entender que aquellos que las padecen necesitan contar con el apoyo de todos los que le rodean, es decir, la atención debe ser familiar, médica y espiritual. Para ello es necesario educar a las familias, los establecimientos escolares y por supuesto a la iglesia, de modo que puedan defender a nuestros chicos de esa enfermiza obsesión por tener cuerpos artificialmente delgados a costa de sus vidas.

¿Qué causas han desencadenado estas enfermedades?

En realidad, no están muy claras, pues dependen mucho de quién las sufra. Lo que sí está claro es que las personas que padecen estas enfermedades tienen un común denominador: están sufriendo por no tener control sobre lo que hacen y tienen una autoestima dañada. En el caso de los adolescentes en especial, ellos se encuentran experimentando cambios físicos importantes durante la etapa de la pubertad. Además, tienen una mala valoración de sus cuerpos, se sienten insatisfechos con ellos mismos, experimentan situaciones de estrés permanente (con la familia, los estudios, los amigos, las relaciones, etc.), sus emociones penden de un hilo y son el blanco preferido de los medios.

¿Por qué afectan en mayor medida a las chicas?

Aunque no es algo que solo lo padezcan las mujeres, el porcentaje de casos es mayoritariamente femenino. En los últimos sesenta años, el rol de la mujer ha experimentado cambios importantes que tienen relación con estos trastornos. En los países desarrollados, a partir de la década de 1960, las mujeres ingresaron al mundo laboral. Un hecho importante en la realidad latina actual es que las familias sufren la ausencia de una persona (por lo general la madre) que se responsabilice tanto de la preparación de los alimentos como de hacer cumplir los horarios y crear el hábito de comer en familia.

Elegir y juzgar a las personas por su aspecto físico ha sido nuestra tendencia toda la vida. Sin embargo, una vez más debemos entender y creer que nuestro valor no radica en nuestra apariencia. Dios no nos ve ni valora según nuestra perspectiva.

«No te dejes impresionar por su apariencia ni por su estatura, pues yo lo he rechazado. La gente se fija en las apariencias, pero yo me fijo en el corazón»
(1 Samuel 16:7).

Esto es algo que sabemos, escuchamos y predicamos, no obstante, llegado el momento de salir a la calle, la cosa cambia. Vivimos en un mundo donde la apariencia física lo es todo, siendo sinónimo de éxito social y profesional. Los medios nos bombardean con mensajes que dictan patrones de belleza, mostrando modelos con cuerpos esculturales y caras perfectas (muy bien «retocadas» gracias a sofisticados programas computacionales).

Con seguridad, si le pidiéramos a un grupo de jóvenes que nombraran a las diez mujeres más sobresalientes del año pasado, la mayoría serían mujeres guapas, delgadas por supuesto, preferiblemente actrices o modelos en lugar de alguna ganadora de un premio Nobel, una figura política, una escritora u otra persona destacada en un campo académico.

Los verdugos que dictan la moda e imponen las tendencias con mensajes cautivantes, casi hipnotizadores, nos dicen explícita o encubiertamente que ser bello y lucir un cuerpo escultural y delgado es la ley. Claro que olvidan mencionar que vivir bajo la obsesión de lucir un cuerpo perfecto mediante dietas inhumanas, alimentos dietéticos, ejercicios desmedidos, cosméticos, cirugías estéticas, masajes corporales, productos adelgazantes y determinada ropa (lucida por modelos altas y esqueléticas) es algo F-I-C-T-I-C-I-O. Nada está más alejado de lo real y lo natural.

«Cuando Dios hizo el Edén, pensó en América», dice una canción… y tiene razón. Las latinoamericanas no se destacan en su complexión física por medir un metro y ochenta centímetros de estatura, pesar cincuenta kilos (o menos), ser blancas, de ojos claros y cabello rubio. ¡No! Nosotras somos distintas: guapas, un poco más «compactas», con una repartición de «carnes» más generosa, no tan altas y de colores más oscuros. ¿Por qué? Porque Dios se complace en la variedad, y a él le gustó cómo nos vemos y punto.

Ahora bien, que nuestra anatomía y genética no sean como la de las «gringas», eso es otra cosa. El problema está en que los cánones de belleza actuales no concuerdan con Dios y están a años luz del ideal de Rubens (un famoso pintor de mujeres «gorditas» del siglo quince). Tristemente, hoy existe un rechazo social a la obesidad tan real como el aire que respiramos, lo cual hace que las adolescentes sientan un impulso incontenible de ser tan delgadas como esas modelos «top» que todos admiran y por las que muchos suspiran.

Por tal motivo, muchas marcas de ropa han comenzado a falsear las medidas de las tallas de la ropa que producen. Es decir, hacen las prendas más estrechas en las caderas, las piernas o la espalda de lo que debieran ser. Tanto es así que una chica que no pesa más de cincuenta kilogramos puede llegar a comprarse una blusa talla XL (extra grande), cuando en realidad su talla es S (pequeña).

Para una mujer adulta resulta humillante (lo digo por experiencia) entrar a comprarse ropa a fin de verse linda y a la moda, y sin embargo salir sin encontrar algo que le quede bien. ¡Así que imagínense lo que es para una adolescente tener que comprar una talla L (grande)!

Las modelos de las pasarelas no usan talla L, ellas visten unos embutidos modelos talla XS o extra pequeña (correspondiente a unos cuarenta y cinco a cuarenta y ocho kilogramos de peso). Tan grave ha llegado a ser este fenómeno y tan asociado al incremento de casos de anorexia, que ya existen en varios países, como España y Argentina, normativas al respecto a fin de luchar contra este desorden alimenticio. Se está obligando a los fabricantes de ropa a confeccionar tallas que correspondan a la altura y el peso adecuados. Hoy son cada día más las firmas de categoría que han comenzado a entender la importancia de este problema y están diseñando prendas de ropas lindas, creativas, elegantes y cómodas incluso para aquellas no tan espigadas que osamos usar tallas superiores a la L.

No podemos justificar de ninguna forma la obesidad poniendo como pretexto que Dios no nos valora por la apariencia. Esto debe ser motivo de preocupación y atención, sobre todo cuando se relaciona con nuestros jóvenes. La obesidad es tremendamente dañina, causa estragos no solo en nuestra salud, sino también en nuestra autoestima, de modo que los líderes debemos tocar este tema y velar para que los jóvenes tengan dietas saludables y cuenten con las instalaciones necesarias a fin de realizar ejercicios que los mantengan en buen estado físico.

¡Lucir bien, saludable y atractivo no es pecado! Esto es parte de nuestro testimonio y una «carta de presentación» como cristianos. Sin embargo, cuando el asunto se convierte en una obsesión o estilo de vida, se puede traducir en una enfermedad física y mental que nos lleve a fracasar en nuestro rendimiento escolar, trastorne nuestras relaciones afectivas y nuestra conducta, y nos conduzca a la depresión e incluso a la muerte.

¿Qué es la anorexia nerviosa?
Es un desorden alimenticio y psicológico a la vez, algo que va más allá del control del peso. Es una enfermedad psiquiátrica grave y potencialmente mortal,

en la cual el adolescente presenta una alteración de la conducta alimenticia caracterizada por el rechazo a mantener su peso corporal dentro de los rangos mínimos normales debido a un miedo intenso a ganar peso y a una distorsión de la percepción del peso y la imagen de su cuerpo.

Por lo general, la pérdida de peso autoprovocada se consigue mediante una supresión casi total de la ingesta de alimentos. Aunque los anoréxicos empiezan por eliminar de su dieta todo lo que tenga alto contenido calórico, la mayoría acaba con una dieta muy restringida, limitada a unos pocos alimentos, la cual va acompañada muchas veces por el ejercicio físico excesivo. Perder peso se convierte en una obsesión, un símbolo de poder y control. Así pueden llegar al borde de la inanición con el objetivo de sentir dominio sobre su propio cuerpo. Tal obsesión es similar a una adicción a cualquier tipo de droga o sustancia.

Este desorden es difícil de diagnosticar debido a que el joven esconde y niega su condición de enfermo. Rara vez un chico o chica que padece de anorexia buscará tu ayuda, pues para el que la sufre, la pérdida de peso en sí no es vista como un problema.

Características esenciales de este trastorno

- Distorsión de la imagen corporal, las personas no reconocen el progreso de su delgadez.
- Al sentirse ineficaces o ante un fracaso, desean perder peso.
- Se ponen a dieta y se vuelven expertos en el tema.
- Desarrollan hábitos alimenticios peculiares, como comer alimentos en determinadas cantidades, partir la comida en pequeños trozos y separarlos en el plato.
- Aunque tenga hambre, su miedo a subir de peso los hace tomar mucha agua, usar laxantes, realizar una actividad física exagerada y provocarse vómitos.

¿Cómo se diagnostica la anorexia?

El diagnóstico se realiza solamente cuando aparecen otras complicaciones físicas como la amenorrea (falta de menstruación en las chicas), una mayor vulnerabilidad a las infecciones, problemas gastrointestinales, hipotermia, caída del cabello y piel seca, entre otras.

A nivel psicológico aparecen síntomas de depresión y cambios de carácter, y la distorsión de la imagen corporal suele ir acompañada de una negación del problema. Siguen viéndose gordos a pesar de estar escuálidos o continúan expresando una gran insatisfacción con su cuerpo y su imagen. Para ellos su cuerpo se ha convertido en la definición de su valía como personas, y a pesar del estricto control que ejercen sobre él, siguen sin gustarse.

¿Qué es la bulimia?

La palabra bulimia significa «hambre de buey» (griego *boulimos*). La bulimia nerviosa es un trastorno mental que se caracteriza por episodios repetidos de ingesta excesiva de alimentos en un corto espacio de tiempo en la forma de «atracones». Se trata de un desorden alimenticio considerado como una enfermedad «invisible», ya que puede pasar mucho tiempo sin que las personas que rodean al enfermo lo perciban. El mismo afecta diez veces más a las mujeres que a los hombres.

Para las personas que sufren de bulimia, la comida es una adicción placentera y autodestructiva. La preocupación exagerada por el control de su peso las lleva a adoptar conductas inadecuadas y sin duda muy peligrosas para su salud.

Características y actitudes de los que padecen este trastorno

Por lo general son chicos con baja autoestima, depresión o ansiedad. Relacionan su estima directamente con su cuerpo, del cual se avergüenzan y al que rechazan. Muestran las siguientes características:

- Comer compulsivamente en forma de atracones y a escondidas.
- Vómitos autoprovocados posteriores a un atracón.
- Preocupación constante por su peso, lo controlan permanentemente, exceso de actividad física.
- Gastan mucho dinero en comida o toman de la que hay en casa a escondidas.
- Almacenan comida en distintos lugares de la casa.
- Uso excesivo de fármacos, laxantes, diuréticos y vómitos autoprovocados.
- Su peso puede ser normal o elevado, y/o tener fluctuaciones importantes de peso.
- Cambios de carácter: depresión, tristeza, sentimientos de culpa y odio hacia sí mismos.
- Se comen la comida de otros y lo niegan si los sorprenden.
- Mastican muchos chicles sin azúcar y fuman cigarrillos.
- Chupan y escupen la comida.
- Abusan en el consumo de agua, café, leche y bebidas dietéticas.
- Disminución del rendimiento escolar o laboral.
- Se muestran irritables, mienten con frecuencia, se avergüenzan por su falta de control sobre la comida.
- Escaso contacto con la familia y los amigos, la comida es su tema de conversación.

La bulimia puede ir acompañada de otros trastornos como la cleptomanía, el alcoholismo, la drogadicción y la promiscuidad.

¿Cómo se diagnostica la bulimia?

El diagnóstico puede realizarse cuando aparecen signos físicos tales como:

- Debilidad.
- Dolores de cabeza, estómago y garganta crónicos.
- Lesiones renales y hepáticas.
- Hipotensión.
- Dolor de pecho.
- Dilatación y ruptura gástrica.
- Anemia.
- Calambres y mareos.
- Abrasiones en las manos y nudillos.
- Hinchazón del rostro por el aumento de las glándulas salivales y parótidas.
- Problemas con los dientes.
- Pérdida de cabello.
- Irregularidades menstruales.
- Aumentos y reducciones bruscas de peso.
- Diarrea y estreñimiento.
- Falta de aliento.
- Infarto y muerte (casos crónicos).

¿Cómo ayudamos a estos chicos?

La Biblia afirma: «*Los fuertes en la fe debemos apoyar a los débiles, en vez de hacer lo que nos agrada*» (Romanos 15:1).

Cuando detectemos este problema, debemos mantener la calma y ser sabios para encontrar las soluciones. De nada servirá buscar culpables ni recriminar a nadie. No nos creamos médicos ni tomemos el caso en nuestras manos sin poner en conocimiento a la familia y juntos, si es el caso, buscar ayuda médica.

Por supuesto que creemos en el poder de Dios para sanar a una persona instantáneamente de cualquier padecimiento, pero debemos actuar con cautela. Nosotros somos líderes, no los padres, y no estamos frente a un caprichito de niño adolescente o algo pasajero. La bulimia y la anorexia son enfermedades serias que atacan el cuerpo y el alma de las personas.

Dios nos ha puesto al lado de nuestros jóvenes para apoyarlos y animarlos durante este proceso, así como para ser parte de un trabajo coordinado en equipo, dirigido por profesionales y la familia del chico.

«*El SEÑOR está cerca de los quebrantados de corazón, y salva a los de espíritu abatido*» **(Salmo 34:18).**

Esta epidemia es algo que se debe combatir desde la infancia en los hogares, los centros escolares y por supuesto nuestras iglesias. Debemos capacitarnos, instruirnos y recurrir a aquellos que nos puedan enseñar más al respecto; por ejemplo, cómo adquirir hábitos saludables, la importancia de tener una alimentación sana y balanceada, y los beneficios de realizar actividades físicas. Debemos ver la posibilidad de ofrecer o practicar algún tipo de actividad física adecuada a las capacidades de cada uno. Tal vez dentro de nuestras comunidades existen programas o lugares donde los chicos puedan ejercitarse gratuitamente. O mejor aún, ¿por qué no buscar dentro de nuestra iglesia médicos que den charlas periódicas al respecto y también alguien que pueda comenzar un ministerio —¡evangelístico!— de orientación o gimnasia gratuita? Un ministerio que honre a Cristo y les dé esperanza a los abatidos, algo que apoye a nuestros jóvenes y sirva a la comunidad.

«Más bien, honren en su corazón a Cristo como Señor. Estén siempre preparados para responder a todo el que les pida razón de la esperanza que hay en ustedes»
(1 Pedro 3:15).

En nuestros grupos de jóvenes debemos hablar con franqueza de estos temas, llevar a alguien que haya pasado por esta enfermedad y dé su testimonio, complementándolo con la presencia de un médico profesional en la materia, algún psicólogo o pastor. Seguramente aflorarán miles de preguntas que podrán ser respondidas con propiedad. Es muy probable que en tu grupo haya más de un chico o chica que sufra de estas enfermedades. Conectarlos con una de estas personas sería ofrecerles un canal que los lleve a encontrar la sanidad que necesitan.

Nosotros por nuestra parte los acompañaremos y los ayudaremos a deshacerse de las mentiras que han anidado en la mente de estos jóvenes con respecto a su persona. Deben entender que son creación de Dios, perfectos, amados y aceptados tal cual como son. Que no valen o son exitosos por lo que diga una persona o dicte una moda pasajera, sino por lo que afirma la Palabra de Dios:

«Pero ahora, así dice el SEÑOR, el que te creó, Jacob, el que te formó, Israel: "No temas, que yo te he redimido; te he llamado por tu nombre; tú eres mío"»
(Isaías 43:1).

No somos perfectos ni lo seremos, aunque nuestra apariencia llegue a ser la de un modelo. Debemos ayudar a los chicos a conocer y aceptar sus capacidades y limitaciones, así como también a potenciar sus fortalezas. Ellos precisan entender que deben depender de Dios, pues únicamente así podrán disfrutar de la seguridad que solo él puede brindar. Deben aprender a vivir basándose en convicciones y no en lo que sienten o ven. Esa es la única forma de tener paz, aceptarnos como somos en realidad y salir vencedores del bombardeo al que nos vemos expuestos a diario y que nos dice lo contrario.

El tratamiento es complejo, implicará mucho más que lograr que el chico coma y recupere el peso perdido. Conjuntamente con recibir una alimentación nutritiva, el chico deberá someterse a un tratamiento guiado por un médico especialista en esta enfermedad y un psicólogo, y en los casos extremos precisará ser hospitalizado.

El tratamiento busca corregir anomalías metabólicas y normalizar la alimentación. La recuperación física mejora la forma en que ellos perciben su imagen y también trata su obsesión con el peso. Después que el estado físico mejora, viene un arduo trabajo con sus pensamientos, sentimientos y conductas.

«Por sobre todas las cosas cuida tu corazón [mente], porque de él mana la vida»
(Proverbios 4:23).

Si bien este es un problema físico y psicológico, no podemos separar la parte espiritual. Los chicos se sienten feos, gordos, rechazados, no amados, solos… Sin embargo, nosotros estamos allí para recordarles que Dios los ama profundamente, no está ajeno a su dolor y permanece con ellos para ayudarlos a salir de ese hoyo oscuro.

«Desde lo más profundo de la fosa invoqué, SEÑOR, tu nombre, y tú escuchaste mi plegaria; no cerraste tus oídos a mi clamor. Te invoqué, y viniste a mí;
"No temas", me dijiste»
(Lamentaciones 3:55-57).

En cada país existen agrupaciones de familiares que cuentan con personas afectadas por estas enfermedades. Para los padres de nuestros jóvenes, recibir ayuda médica y sicológica, acompañada de las experiencias de otras familias que han atravesado esta situación, puede ser algo muy positivo. Hay mucho que aprender y nosotros los líderes juveniles podemos ayudar a sensibilizar a la sociedad con este tipo de enfermedades. Jugamos un papel importante en la detección precoz de estos trastornos, observando los comportamientos, los cambios emocionales y físicos que notemos en nuestros chicos, y actuando a tiempo.

¿Qué podemos hacer por ellos?

- Educarnos. Debemos leer todo lo posible sobre trastornos alimenticios. Esto nos ayudará a entender el problema y estar en una mejor posición para ayudar a los jóvenes.
- Escuchar. Muchas veces nos sentimos avergonzados y solos. Nuestro apoyo puede ayudarles a dar el paso a fin de buscar ayuda profesional.
- Alentarlos para que busquen ayuda. Sin presionar demasiado para no alejarlos, debemos acercarlos a Dios y a un profesional competente.

Lo que no debemos hacer

- Incomodarlos. Regañarlos por comer o no comer, ya que ellos están conscientes de sus hábitos alimenticios. Si lo hacemos los incomodaremos y reforzaremos su comportamiento.
- Esconderles la comida para evitar que coman compulsivamente, eso solo crea resentimiento.
- Obligarlos a comer. Tal cosa los hará sentir como niños pequeños, fuera de control, no aceptados y regañados. Esto solo refuerza el comportamiento.

¿Qué hacemos frente a esta plaga?

Los trastornos alimenticios son una de las aflicciones más difíciles de entender por parte de los familiares del enfermo. Hay sentimientos de frustración, impotencia y culpabilidad. Nosotros no estamos para juzgar a los padres ni para enseñarles a cumplir su rol, pero sí podemos entender que tal vez nuestros chicos están sufriendo porque provienen de hogares donde no han podido crecer ni valorarse correctamente. Tal vez han sido comparados, criticados, rechazados, ignorados y sobreprotegidos de forma desmedida, o sus padres se han comportado de un modo muy rígido y exigente. Ellos sufren seriamente con su autoestima y el amor que les brindemos será como una medicina para su espíritu.

Un diagnóstico y un tratamiento oportuno pueden salvar la vida de un joven que sufra alguno de estos trastornos. Y aunque no podemos obligarlos a buscar ayuda, tampoco debemos quedarnos cruzados de brazos. Podemos y debemos educarnos para que llegado el caso, junto a la familia y los doctores, les brindemos una red de apoyo que los ayude a sanar de su enfermedad, mejorar su autoestima y buscar nuevas formas de expresar sus sentimientos. Ellos deben valorarse a sí mismos y reconciliarse con su cuerpo y sus necesidades.

¿Y la iglesia qué tiene que decir?

El Consejo Nacional de la Mujer de Argentina exhortó a las mujeres a no permitir que nadie las descalifique por su cuerpo. A los fabricantes de recursos para adelgazar les solicitó que así como promocionan sus «maravillas», adviertan también sobre los riesgos que estos productos tienen para la salud. A los medios de comunicación, que asuman su responsabilidad y no propaguen más esta epidemia que todos deseamos combatir y prevenir. Y a los diseñadores, que incluyan la diversidad (es decir, que tengan en cuenta a las flacas, las medianas y las gorditas) dentro de toda su creatividad. ¿Y nosotros, los líderes y la iglesia, qué decimos?

Es tiempo de levantarnos como un faro que sea visto por todos. La gloria del Señor está en nosotros, así que debemos permitir que resplandezca y alumbre a todos aquellos que se nos acerquen buscando consuelo y alivio.

En ocasiones nos sentimos incompetentes para ayudar a nuestros jóvenes frente a estos males. No somos médicos, es cierto, sin embargo, Dios nos dice a través del profeta Isaías que nos ha llenado con su Espíritu para edificar y levantar a nuestra generación. Podemos llevar esperanza a los que la han perdido, liberarlos de sus ataduras y aflicciones, consolándolos para que les sea devuelto todo lo que esas mentiras les han robado: su vida, su identidad, su salud y su libertad. ¡No lo dudemos!

«El Espíritu del SEÑOR omnipotente está sobre mí, por cuanto me ha ungido para anunciar buenas nuevas a los pobres. Me ha enviado a sanar los corazones heridos, a proclamar liberación a los cautivos y libertad a los prisioneros, a pregonar el año del favor del SEÑOR y el día de la venganza de nuestro Dios, a consolar a todos los que están de duelo, y a confortar a los dolientes de Sión. Me ha enviado a darles una corona en vez de cenizas, aceite de alegría en vez de luto, traje de fiesta en vez de espíritu de desaliento. Serán llamados robles de justicia, plantío del SEÑOR, para mostrar su gloria. Reconstruirán las ruinas antiguas, y restaurarán los escombros de antaño; repararán las ciudades en ruinas, y los escombros de muchas generaciones»
(Isaías 61:1-4).

ABUSO SEXUAL

Por Esteban Borghetti

Comenzar a hablar sobre el abuso sexual en nuestros libros, congresos y ámbitos cristianos es una asignación pendiente de la iglesia evangélica desde hace muchos años. Nuestras iglesias están llenas de jóvenes que sufrieron y sufren de abuso sexual, sin embargo, nuestros púlpitos se han mantenido mientras tanto en la ignorante postura de afirmar: «De eso no se habla». Las encuestas, que más adelante te comentaremos, informan que un cuarenta por ciento de los jóvenes de tu grupo juvenil han pasado por experiencias de maltrato sexual infantil.

No sé si podemos llegar a tomar conciencia de este hecho: cuatro de cada diez de tus amigos fueron abusados, tocados, manoseados o violados en su niñez, no obstante, «de esto no se habla». Muchos de esos maltratadores están sentados en los mismos bancos donde te sientas cada domingo en la iglesia, pero «de eso no se habla».

La mayoría de las investigaciones a nivel latinoamericano hablan de que el noventa por ciento de los casos de abuso sexual infantil suceden en el ámbito familiar, a manos de «personas» que son parte de su familia y con las que existe un vínculo de dependencia relacional, de modo que es muy probable que esa misma persona que maltrató a ese joven en su niñez esté participando en la iglesia. A pesar de todo, «de esto no se habla», a fin de que continúe siendo «el más grande de los secretos» en nuestras iglesias.

Alguien tiene que levantarse en tu grupo juvenil y decir claramente lo que puede estar sucediendo. Alguien tiene que ministrar la restauración y la sanidad de Dios. Alguien tiene que decirle a ese niño que aún sufre dentro del corazón de un joven que ha sido cien por ciento víctima de un abuso, que no hay nada que un niño pueda hacer para seducir sexualmente a un adulto a no ser que ese adulto sea un enfermo mental. Y es que no hay otra forma de explicarlo. El hecho de que a un adulto le atraigan los genitales de un menor e inicie acciones para lograr doblegar su voluntad y engañarlo hasta llegar a realizar un acto sexual solo se explica desde el punto de vista de una patología psiquiátrica. Esta persona es un pederasta, un perverso, y debe ser tratado como tal. Sin importar si estamos hablando de un padre reconocido, un tío, un primo, un pastor o el líder de una congregación, se trata de un enfermo y debe ser tratado como tal.

Comencemos hablando sobre los rasgos distintivos de aquellas personas que cometen abuso sexual.

Características del abusador

Son enfermos mentales, pero la mayoría tiene una vida socialmente normal. Muchas veces no dejamos de sorprendernos cuando algún niño ya adulto nos revela quién fue su abusador. Es algo difícil de creer que «fulano de tal» tenga esas perversiones, ya que parece muy «normal», pero la verdad está muy lejos de lo que con mucho esfuerzo procura aparentar.

Las estadísticas informan que existen más varones que someten sexualmente a sus víctimas que mujeres, y que en la mayoría de los casos suelen ser de edad media. A estos sujetos no se les ve por las calles con cara de «sed sexual» o como «frustrados sexuales». No, muchos de ellos tienen familia y aparentan ser muy razonables.

Son personas muy cariñosas, manipuladoras, seductoras o atractivas socialmente, que se ganan el respeto de los padres y hasta en algunos casos asumen cargos sociales en el ámbito del cuidado de los niños.

El acercamiento al niño tiene lugar con mucho cuidado, mostrándose simpáticos y sin utilizar la violencia en un principio, sino empleando más bien la seducción y los halagos por medio de presentes para ganarse el afecto y la confianza del menor. Entran en cierta complicidad de secretos y de forma amable le piden al menor que no le cuente a nadie «su secreto». Ahora bien, si el niño tiene conductas amenazadoras y resulta evidente que puede hablar o romper el secreto, las hostilidades y las amenazas al menor comienzan.

La realidad ha comprobado que si un sujeto ha abusado a un niño, es muy probable que lo haga con su hijo y hasta con sus nietos. Estoy cansado de ver situaciones en las que me cuentan sobre un abuso sexual y cuando en la entrevista pregunto qué es de la vida de esta persona, normalmente me comentan: «Bueno, ya todo pasó, pidió perdón y está bien ahora». ¡No! No es tan simple. Si un individuo se anima a tocar a un menor o introduce su pene dentro de la vagina de una niña o el recto de un niño, es muy poco probable que cambie con solo pedir perdón. No estoy descalificando un milagro de Dios, pero en la mayoría de los casos estos enfermos mentales ni siquiera buscan ayuda espiritual verdadera, solo piden perdón y nosotros como «buenos cristianos» nos vemos comprometidos a decir: «Bueno, se arrepintió ¿no? Ya todo está bien». ¡No! Estamos tratando con una enfermedad mental, de modo que para alcanzar una verdadera sanidad deberán acudir a un profesional que realice las investigaciones correspondientes y se cerciore de que este individuo está sano antes de volver a confiarle a tu hijo o hija.

Distintos tipos de violencia sexual a un menor

Los detalles de la edad como fechas límites para calificar el abuso sexual de una u otra forma deberás verlos en la legislación actual de tu país, pero a grandes rasgos, en América Latina se sostienen estas clasificaciones.

Incesto

Ocurre cuando el contacto sexual es perpetrado por un pariente con consanguinidad lineal (padre, madre, abuelo, hermanos, tíos, sobrinos). Se incluyen también los adultos que estén cubriendo de manera estable el papel de figuras paternas (padres adoptivos, parejas estables).

Violación

Contacto carnal de una persona adulta (exceptuando los casos de consanguinidad, ya que se considerarían incesto más que violación) con un menor de doce años.

Estupro

Contacto carnal con una menor mujer de entre doce y quince años, ya que la misma no puede dar un consentimiento maduro para una relación sexual.

Corrupción

Cuando se facilita la prostitución de menores sin distinción de sexo, en todas las edades.

Abuso deshonesto

Cuando se llevan a cabo comportamientos que implican contactos corporales de índole sexual con un niño menor de doce años cualquiera sea su sexo.

Explotación laboral

Los padres o tutores le asignan al niño con carácter obligatorio la realización de trabajos ya sean domésticos o no, los cuales deberían ser realizados por adultos, interfieren en las actividades escolares y/o sociales del menor, o son asignados con el objeto de obtener un beneficio económico o similar para los padres.

Maltrato prenatal

Consumo de drogas durante el embarazo que provoca que el bebé nazca con un crecimiento deficiente, patrones neurológicos anormales o síntomas de dependencia física a las drogas.

En este capítulo abordaremos en particular los casos de consejería a jóvenes que han sido víctimas de incesto, violación y estupro, es decir, situaciones en las que un adulto abusa de un menor de quince años.

Si estás leyendo sobre este tema, es muy probable que necesites ayuda para ayudar a alguien que ha pasado o está atravesando en este momento por un maltrato sexual.

Así que lo primero que quiero decirte es: ¡Felicitaciones! Estás entrando en el terreno del diablo para rescatar a un alma atormentada. De modo que Dios te fortalecerá y te brindará su poder y sabiduría.

Lo segundo que me gustaría decirte es que eres un valiente y te dispones a enfrentar una de las estrategias más destructoras que el diablo está utilizando para maltratar a la creación de Dios.

Y lo tercero que quisiera decirte es: ¡Créele! Cuando un niño o un joven te cuenta que ha sido abusado sexualmente por un adulto, ya sea este su padre, tu esposo o su pastor, es que en realidad lo ha sido.

Los resultados de los análisis estadísticos realizados en los juzgados de menores revelan que el noventa y cuatro por ciento de los casos de denuncia de abuso sexual por parte de un adulto hacia un menor son ciertos, mientras que el otro seis por ciento falso no se debe a niños que han confesado un abuso sexual, sino a situaciones en las que la familia utiliza este tipo de denuncias para maltratar a alguien. De modo que cuando un niño o un joven te ofrecen el privilegio y la responsabilidad de ser su confidente en esto, lo primero que deberías hacer es creerle.

Consecuencias del abuso sexual en los jóvenes abusados

El abuso sexual tiene consecuencias devastadoras para el crecimiento psicosexual de un niño, consecuencias que modificarán e influirán en gran parte de su vida durante toda su niñez y su adolescencia. Muchos de los jóvenes que han sido abusados durante la niñez reaccionan desarrollando un mecanismo de defensa inconciente que les permite olvidar tal trauma. Su mente simplemente «esconde» y «olvida» lo sucedido y trata de seguir como si el abuso nunca hubiera ocurrido. Son muchos los casos de jóvenes que se nos acercan luego de nuestros seminarios sobre la sexualidad y el abuso sexual para decirnos que por primera vez han tenido un recuerdo que los perturba muchísimo. Afirman que sabían que algo había pasado, pero simplemente no lo tenían presente hasta hoy, de modo que necesitan hablar de eso. Sus «nuevos» recuerdos les producen mucha confusión y una «ensalada de emociones», incluidas el miedo, el temor, mucha rabia, no saber qué hacer, etc.

No porque su mente haya olvidado como primer mecanismo de defensa eso significa que no existieran consecuencias, muchas veces, a partir de que se descubren estos recuerdos, comienzan a explicarse muchas de las acciones que han llevado a cabo y las tendencias que tenían hasta ese momento.

Sin embargo, evita andar por tu grupo juvenil a la caza de un joven víctima de abuso sexual. Evita sugestionar a los chicos de modo que piensen que eso le pudo haber pasado a ellos y que hasta ahora no lo han descubierto. Si no lo recuerdan, simplemente es que no lo han vivido, y si lo recuerdan, es muy probable que sea porque el Espíritu Santo está detrás de esta situación y ve que tu joven se encuentra listo para enfrentar ese recuerdo ahora y no antes. Si Dios trae a la mente de un joven una situación conflictiva, es que traerá justo con ella la solución de la misma. ¡Ha llegado el tiempo de la sanidad!

Otra de las consecuencias del abuso sexual en la niñez es que el joven desde pequeño aprendió a vivir la vida experimentando la sexualidad, descubriendo la genitalización y la seducción como conductas y formas de comportarse.

La mente de los niños no está preparada para la sexualidad y la seducción adulta, de modo que cuando hay abuso sexual, se abre una ventana por donde comienzan a ver el mundo sin tener herramientas para poder entenderlo. Es por esto que la mayoría de las consecuencias del abuso sexual traerán problemas relacionados con el uso de la genitalización, la identidad sexual, así como unas relaciones interpersonales hipersexualizadas y fobias a vivencias similares por parte de los seres queridos.

De este modo, en los jóvenes con vivencias de abuso sexual encontraremos un miedo mayor a ser homosexual, un aumento de la indefinición sexual, una profunda confusión sobre su atracción sexual o una homofobia (rechazo a las personas homosexuales), ya que este es uno de sus grandes miedos.

Otro de los problemas que a menudo vemos como consecuencia del abuso sexual en la niñez es la iniciación de las relaciones sexuales íntimas a muy temprana edad. Además, estos jóvenes establecen relaciones poco sanas con sus parejas y hacen un uso desmedido de su sexualidad, tienen muchas parejas y vivencias sexuales y muestran un desprecio por la intimidad sexual, desacreditando su sexualidad y considerándola como muy «poca cosa».

También podremos ver que surgen dificultades en la vida sexual adulta. Muchas veces existe una falta de deseo sexual, un rechazo a la intimidad o al disfrute de las relaciones sexuales con su esposo o esposa. Por supuesto que esto no debe pasar necesariamente, y tampoco significa que aquellos que experimentan esa falta de deseo o la imposibilidad de disfrutar de la intimidad sexual hayan sido víctimas de abuso sexual.

Cómo aconsejar: qué hacer y qué no hacer

• Elige un ambiente adecuado para hablar de esto. No lo hagas con apuro y en medio de cualquier otra actividad. Busca alguna privacidad. Determina un tiempo prudente (te aconsejo cuarenta y cinco minutos) para hablar del tema, y si no te alcanza el tiempo estipulado, fija otra cita.

• Dale las gracias al joven por confiar en ti y elegirte como consejero con relación a esta vivencia. Asegúrale que buscarás estar a la altura de las necesidades del caso y que harás tu mejor esfuerzo por ayudarle.

• Dile que lo mejor que pudo haber hecho es contarlo, aunque sabes lo difícil que fue hacerlo (sobre todo si es la primera vez que lo revela), y que guardarás en absoluto secreto lo que te relató. Sin embargo, adviértele que si algo de lo que te cuenta representa un riesgo para sí mismo o terceras personas, deberán buscar la forma de tratar el tema lo mejor posible. Con esto me refiero a que si te cuenta que el abusador sigue haciéndolo y es alguien de su familia, vas a tener que ver la forma de llevar adelante acciones que obliguen al abusador a dejar de cometer este delito.

Confesarles lo que le sucedió a sus padres no siempre es aconsejable, muchas veces los padres no están capacitados para actuar de una forma adecuada ante tal situación, de modo que pueden terminar empeorando el caso. Por eso, antes de aconsejarle que lo hable con alguien más, fíjate qué capacidad de ayuda tiene aquella persona a la cual se lo van a contar.

Por otro lado, debes actuar de modo cuidadoso, ya que muchas veces uno de los problemas, frustraciones o dolores más grandes que tienen los jóvenes con esta problemática es el haber sido rechazados por sus propios padres. De niños se acercaron a contarle a uno de sus padres o a ambos lo que les sucedía y la madre o el padre lo desestimaron, no le creyeron y lo dejaron desprotegido frente a las acciones del abusador.

Llegar al punto de hacer responsables a sus padres de tal desprotección es necesario muchas veces para lograr una reconciliación con Dios, sus propios padres y consigo mismo.

• Permítele que te cuente lo que sucedió. No pidas detalles irrelevantes. No es necesario que te dé lujo de detalles de cómo fue el abuso. Recuerda que cada vez que hable de esto estará reviviendo el maltrato, por lo que deberás ser cuidadoso y escuchar bien lo que te dice, hacer las preguntas justas y necesarias, y no pedir datos superfluos. Sin embargo, al mismo tiempo es importante que el joven lo cuente, ya que esta será una hermosa oportunidad de encontrarse con el amor y la comprensión de un hermano.

• No seas abogado de Dios. ¡Hay cosas que no podremos explicar nunca! Dios no te colocó en ese rol. Él ya tiene su forma de explicar los hechos o reconfortar al caído. Solo escucha al joven y «llora con el que llora y ríe con el que ríe».

• No adoptes una forma «evangeloide», no seas un «marciano evangélico». Evita utilizar esas «benditas» frases que brotan natural-mente: «Vamos a orar por ti» o «Dios tiene un propósito con todo esto», así como también enfocarte solo en la liberación espiritual. Seguramente eres una persona muy espiritual, pero tu aconsejado necesita de tu naturalidad al acompañarlo. Desde tu rol de consejero laico (no profesional) ellos están esperando que camines al lado del que sufre; que lo sepas escuchar sin juzgarlo; que juntos busquen el consejo de Dios y la sanidad de la herida, pero que al mismo tiempo solo lo dejes hablar, descargarse, enojarse sin que lo culpen o le digan: «¡No! ¡Un cristiano no se enoja con Dios, su familia o la vida!».

• Nunca lo hagas responsable de lo que pasó. Es muy importante que le expliques que es cien por ciento víctima de lo que sucedió. Como dijimos antes, no hay nada que un niño o una niña pueda hacer para seducir o atraer sexualmente a un adulto, a no ser que ese sujeto sea un enfermo mental. Aunque de alguna forma ese adulto lo haya convencido para que piense que tiene algo de culpa, un niño o preadolescente que es abusado en cualquiera de las formas de abuso sexual que existen es totalmente víctima de los actos malvados de la persona mayor. Tu joven está esperando que tú, en tu rol de consejero, lo liberes de la culpa que lleva sobre sus hombros y le asignes por completo la posición de víctima. Eso le dará poder para enojarse, equilibrará las responsabilidades, le dará permiso para expresar sus frustraciones… y acto seguido a que libere su enojo, encontrará la sanidad. Como dijimos en el capítulo sobre las emociones, el enojo es la emoción del cambio.

• No te desesperes. El proceso de sanidad de un joven víctima de abuso sexual es largo y atraviesa momentos en los que creerás que nada de lo que estás haciendo ayuda en algo. ¡Mantén la calma! Confíale a Dios tus pasos y espera ver su obra en el camino de tu aconsejado. Mantente firme en cuanto a dejarlo enojarse, quejarse y molestarse. Es muy probable que se queje y critique todo lo que hasta ahora lo rodeó (la iglesia, el pastor, el grupo de jóvenes, la Biblia, Dios). Encomiéndale al Señor cada encuentro que tengan y espera el tiempo oportuno para guiarlo a reconciliarse de nuevo con su entorno.

• No esperes que todo vuelva a ser igual. Cuando estaba bajo el efecto de su dolor, se relacionaba con todo su contexto (amigos, familia, iglesia, pastor, Dios, etc.) de una forma no sana, por ende, al encontrar su nueva sanidad, encontrará también nuevas formas de relacionarse con todo ese entorno, de modo que nada será igual.

• Trabaja en equipo. Los casos de abuso sexual son situaciones que necesitan que trabajes con un equipo interdisciplinario de hermanos, donde cada uno ayude a tu aconsejado con la mejor expresión de sus dones a alcanzar la sanidad. Piensa en compartir la tarea de ayudar al joven con un profesional médico, un psicólogo cristiano y algunos hermanos que sin saber el nombre o la identidad de tu aconsejado lleven a cabo oraciones de intercesión por el tiempo de crisis que se avecina.

• Acciones legales. Este es un punto muy delicado. Obviamente, cada uno de nuestros países tiene una legislación particular sobre el tema. La verdad es que una persona que abusa sexualmente de un menor comete un delito y por ende merece ser juzgado e ir a la cárcel. Lo único que tengo que advertirte es que lamentablemente en muchos casos las leyes en Latinoamérica no son justas con las víctimas de abuso, y someter a un menor a un juicio puede traerle peores consecuencias, así que asesórate muy bien antes de tomar la decisión de acudir a la corte en un caso de abuso sexual y luego sigue tus creencias y valores.

VOCACIÓN

Por Esteban Obando

El tema de la vocación en los jóvenes es crítico y debe ser abordado de una manera muy intencional y seria. Parte del desarrollo normal de un adolescente tiene que ver con la identidad, y esta se relaciona en gran medida con poder responder adecuadamente a la pregunta: «¿Qué quiero hacer cuando sea mayor?». Los chicos están desarrollando las habilidades y destrezas que los van a acompañar en la decisión que tomen con respecto a su vocación.

¿Qué quieres de mí?

Esta es una de las preguntas existenciales, que a mi modo de ver, obstaculizan en cierta manera las decisiones que nuestros jóvenes deben tomar. Toda una generación ha creído que cada decisión que tomamos en la vida debe ser dirigida por Dios. ¡No me malinterpretes! Solo quiero decir que Dios ha dotado nuestras vidas con la capacidad de decisión. No creo que Dios quiera que le pidamos que nos indique absolutamente todas las decisiones que debemos tomar en la vida. Existe lo que hemos llamado «libertad de escoger». Cuando dejo claro en mi vida y en la de mis jóvenes que está bien que tomemos decisiones basadas en buenos principios, se abre una ventana de oportunidades para mis chicos.

Quiero dejar algo claro: No está bien que tomemos decisiones en cuanto a todo lo que queramos. Hay muchas cosas en cuanto a las que la Biblia es enfática y que Dios ha puesto allí para nuestra protección, de modo que no debemos discutirlas o considerar si están bien o mal, por el contrario, debemos cumplirlas para que nos vaya bien en la vida. Por otro lado, hay otras miles de situaciones en las que Dios no nos da alguna luz sobre lo que debemos decidir. Lo que sí nos ha dado son principios bíblicos y neuronas en nuestra cabeza. Ahí es donde entra aquello de: «Está bien que decidamos nosotros».

He escuchado mucho la pregunta: «¿Dios, qué quieres de mí? ¿Qué quieres que haga con mi vida?». Debemos explicarles a nuestros jóvenes que hay cosas que Dios ha definido en cuanto a lo que espera de nosotros (que evangelicemos, crezcamos y maduremos, promovamos el discipulado, sirvamos a los demás, lo adoremos y muchas otras), pero en ningún pasaje de la Biblia se nos habla puntualmente acerca de la carrera o la vocación que Dios quiere que escojamos.

En muchos casos, el joven no quiere tomar esa decisión por lo difícil que es, pero parte de la responsabilidad que tenemos como líderes juveniles es animarlos a que empiecen a pensar en las cosas más profundas que afectan su vida.

Obstáculos para no olvidar

En este proceso de escoger su vocación, el chico va a encontrar pruebas y diferentes posiciones con las que tendrá que lidiar. Parte de nuestra tarea es ofrecerles una luz en este asunto, aunque sin llegar a escoger por ellos. A continuación te mencionaré algunas cosas que fácilmente podrían brindarnos un apoyo positivo tan solo haciendo un pequeño ajuste.

Mi deseo, mi dinero. Vivimos en una sociedad que se mueve por el dinero. ¿Quién puede negar eso? Esta realidad golpea a nuestros chicos cuando de tomar una decisión vocacional se trata. Ellos se debaten entre lo que quieren y lo que les proporciona una mejor remuneración. Una respuesta noble sería: «Haz lo que deseas hacer. Dios proveerá tus necesidades». Este es un deseo fantástico. No obstante, ¿es real? Todos sabemos que Dios es poderoso y puede suplir las necesidades que tengamos, ¿pero dónde queda nuestra responsabilidad? Si mi deseo, por ejemplo, es el de ser árbitro de fútbol, es posible —al menos en mi país— que la única forma de lograr esto y cumplir mis otros deseos —como tener una familia, una casa propia o cualquier otra cosa— sea trabajando bivocacionalmente (o sea, teniendo dos trabajos, uno que me proporcione el dinero y otro que satisfaga mi deseo). ¿Por qué? Porque en muchos de nuestros países no puedes vivir con el salario de un árbitro (a menos que seas profesional) y además cumplir otros objetivos en la vida. Esto es realismo, no es falta de fe. Alguien podría decirme: «Dedícate a hacer lo que te gusta. Dios proveerá para tus necesidades». Sin embargo, ¿es esto ser realista? Probablemente no. Tal vez tengas que decirle a tu chico que busque algo más que llene sus expectativas y que le ayude a su sostenimiento económico. Tal vez pueda usar el arbitraje como un pasatiempo. El principio aquí es: Aprende a confiar en Dios, pero usa también tu cabeza.

Pero... ¿tengo realmente libertad? Dentro de los parámetros normales podemos decirle a un joven que puede escoger lo que quiera. Sin embargo ¿es esto cierto? ¿Tiene el joven la posibilidad ante la iglesia y sus padres de escoger la profesión que desee? Como miembros de la iglesia quisiéramos responder que sí, pero la realidad es otra. Hay muchos trabajos que hemos vetado en la iglesia y el hogar. Hay carreras que nos parecen no aptas para cristianos y por eso las evitamos. Algunas de ellas apuntan a las artes, la moda, la política y las ciencias sociales. Nos parece que ser diseñador no es de cristianos. El modelaje queda fuera de discusión por el ambiente libertino en el que se desarrolla, y ni qué decir de la política o la filosofía. Existen una serie de barreras que tenemos que derribar. Al fin y al cabo, ¿no fue Jesús mismo quien nos dijo que fuéramos a todas las etnias del mundo? ¿No se supone que debo estar allí y ser de influencia en medio de estas personas que también necesitan escuchar de Jesús? Evidentemente, cada joven debe ser responsable de que su vida llegue a ser de influencia en lugar de dejarse influenciar. Algunos ambientes presentan más posibilidades para que un joven niegue su fe, pero si tiene buenos fundamentos, puede bendecir a otros donde quiera que se encuentre.

¿Una sola cosa o muchas?

Existe la creencia de que Dios me diseñó para hacer una sola cosa. Tus chicos necesitan que alguien objetivo abra sus ojos a todos los talentos y habilidades que Dios les ha dado. Esto les permitirá ser efectivos en muchas áreas. Puede ser que alguna chica sea muy buena para los números. Y hay decenas de carreras que usan los números como base. Puede ser también que a otro chico le encante la gramática y las letras, y en este campo también hay muchas áreas de trabajo. Permíteles a tus jóvenes descubrir muchas opciones que posiblemente ni siquiera han contemplado.

Mi iglesia y mi carrera.

Este punto es una llamada de atención para el liderazgo. Las necesidades vocacionales usualmente se atienden en la escuela secundaria, no en la iglesia. ¿Será que pensamos que no es muy espiritual que la iglesia se involucre en estos terrenos académicos? Creemos que la iglesia es una entidad que satisface las necesidades espirituales, pero se nos olvida el ministerio de Jesús, que se ocupaba de la persona integralmente. Si en tu iglesia no hacen nada por la formación vocacional de tus chicos y tú eres un líder de ella, ¿por qué no propones que la iglesia participe en esta decisión tan importante en la vida de los jóvenes?

¿Qué hago con mis padres?

Recuerda que los padres son los líderes naturales de tus chicos. Por nada en el mundo intentes dejarlos fuera en lo que se relaciona con estas decisiones. Independientemente de qué tipos de padres sean, siempre es bueno que el chico les pregunte a ellos qué piensan. Dios les ha dado una sabiduría que tus jóvenes aún no tienen. ¡Aprovéchenla! Recuerda además que los padres tienen una poderosa influencia en la vida de tus adolescentes. Y esta puede ser para bien o para mal. Si un padre no estudió, podrá aconsejarle a su hijo que haga lo mismo. Debes estar preparado con argumentos que ayuden a tus chicos de cualquier modo a desarrollarse de la mejor manera.

Mitos vocacionales

En su libro *¿Y qué voy a hacer con mi vida?*, Diane Lindsey menciona algunos mitos que la gente tiene en materia de vocación. Estos mitos se encuentran en la mente de muchos adolescentes como una regla no escrita, y lamentablemente los afectan a la hora de escoger una vocación. Algunos de ellos son:

1. Cuando Dios quiera que conozcas su voluntad para tu vida, él te enviará el plan dentro de un sobre por entrega especial, a través de un mensajero alado:

Esta es una expresión capciosa, ya que Dios sí nos ha hecho una entrega especial. Se llama Biblia, pero como mencioné antes, la misma no dice nada de mi carrera en específico y además no es de revelación privada. Esa revelación que el joven espera con nombres y apellidos, detallando cada cosa que Dios quiere de él y con el plan paso a paso, posiblemente nunca vendrá. Los detalles de su vida —a menos que Dios determine otra cosa— tendrá que decidirlos el muchacho.

2. Descubrir la voluntad de Dios es un asunto de una sola vez y para siempre. Descúbrela ahora y tendrás todo solucionado por el resto de tu vida:

A muchos cristianos les asusta la palabra evolución, así que la usaré con cuidado. Nuestra vida evoluciona y lo que hacemos con ella también. Tú no eres el mismo que eras hace cinco años, y te garantizo que no serás la misma persona que eres ahora en cinco años más. Está muy bien que hagas planes, pero debes ser flexible a fin de cambiarlos si algo sucede en el camino. La voluntad de Dios no cambia, pero sí la forma en que la vivimos. Puede ser que en la actualidad trabajes con adolescentes, pero que el día de mañana desarrolles un amor por los niños. El objetivo final es el mismo —el servicio— pero el ambiente de trabajo cambia, y con eso el entrenamiento, las estrategias y evidentemente el público al que tu trabajo va dirigido. Si hoy crees que conoces lo que vas a hacer con tu vida, no te descuides, el mañana es incierto y puede traer sorpresas.

3. Existe un solo camino para llegar a donde Dios quiere que estés. Si te extravías en algún recodo, habrás perdido el camino correcto de una forma irremediable:

Este mito genera un temor pavoroso. Si me equivoco en la elección de lo que voy a ser en mi vida, estaré perdido. He conversado con adultos que a sus treinta y dos años me hablan del tema de la vocación. Para ellos la elección no puede tardar, ¿pero qué hay de tu chico de diecisiete años? ¿Por qué creemos que si un chico de diecinueve años decide cambiar de carrera su vida terminó? ¿Por qué hablamos de que perdió el tiempo y no lo vemos como parte de su educación? Creo que deberíamos preocuparnos si el chico ya va por su décima carrera y aún no se decide, pero es importante decirles: «Adelante, si te equivocas, no pasa nada, solamente da marcha atrás y vuelve a intentarlo».

4. Si eres buen cristiano, servirás a Dios a tiempo completo. No importa si eres ministro, pastor de jóvenes, misionero, maestro de Escuela Dominical... siempre y cuando estés trabajando en el ministerio a tiempo completo:

No permitas que a tus chicos se les imponga una carga en cuanto a su éxito espiritual. El éxito espiritual —si es que tal término existe— radica en hacer la voluntad de Dios. Y esta se puede cumplir tanto en la iglesia como en la oficina, en la calle como en el consultorio. No importa dónde esté, no se necesita un título eclesial para que tu joven se realice. No hay carreras más espirituales que otras, solo gente más espiritual que otra. El hecho de ser pastor, ministro o misionero no quiere decir que te hayas ganado el favor de Dios (y escribo esto con mucho respeto, ya que soy pastor). Su favor se obtiene con un corazón obediente.

5. Descubre la voluntad de Dios y eso te garantizará el éxito. El camino que recorras nunca presentará dificultades:

La vida cristiana no está supuesta a ser sencilla. La Biblia menciona una y otra vez que se sufre por ser cristiano (2 Timoteo 2:3, Juan 16:33, 1 Pedro 4:12-16). Cualquier camino que tu chico tome tendrá grandes retos que enfrentar. Enséñale que está bien pasar tribulaciones. Explícale que eso es parte de la vida y que Dios estará allí para ayudarlo. Esta ayuda puede que no implique la resolución del conflicto, pero sí la presencia divina en la vida del joven. Si Dios nos ha dado paz en medio de las decisiones que hemos tomado, aprende a disfrutarla, pero nunca consideres que las pruebas son una evidencia contundente de que estamos caminando por una vía equivocada. Dios utilizará cualquier situación para hacer que un chico crezca y madure.

Tu participación

He aquí algunas cosas puntuales y prácticas a la hora de aconsejar en lo que se refiere al tema vocacional.

Dones de los jóvenes

No puedes ofrecer ningún consejo vocacional si no conoces los dones de tus muchachos. Un error muy común es saltarse esta etapa e ir directamente a lo que les gusta o lo que creen que les proporcionará dinero. Dios los creó con talentos, y es importante considerarlos al hacer las elecciones vocacionales. Uno de los problemas que vemos a diario con los chicos en las universidades es que se sienten frustrados con sus estudios, y en muchos casos esto ocurre porque no están desarrollando sus dones. La realización vocacional está en poner en práctica aquello que se nos da naturalmente Si el don de tu chico es la enseñanza, posiblemente se pasará toda la vida frustrado frente a una computadora, pero encontrará la realización personal frente a un grupo de niños o jóvenes. El punto aquí es conocer exactamente cuáles son las cosas que tu joven hace bien de forma natural, es decir, sus talentos, dones y habilidades. Para esto es muy bueno conseguir algunas pruebas de aptitudes. Puedes obtenerlas en la Internet, con algún pastor (pruebas de dones espirituales) o con algún orientador de la secundaria más cercana (pruebas vocacionales). Realiza todas estas pruebas y asegúrate de que los chicos no se sientan presionados como al tomar un examen de la universidad o la secundaria. Este proceso debe ser ameno y divertido para los jóvenes.

Principio de unidad

¿Por qué batallar solo? Es muy sabio hacer alianzas y trabajar en equipo cuando se toman decisiones tan importantes. Gran parte de los líderes juveniles aún están estudiando y les falta experiencia en el tema de la vocación. Así que, ¿por qué no buscas personas que tengan más experiencia que tú? El orientador de la secundaria de tus jóvenes es alguien indicado para esto. Planea una reunión con él o ella y explícale tu intención. De seguro tendrá consejos y algunos materiales que darte. ¿Y qué tal de todas aquellas personas de tu iglesia que trabajan en algo relacionado con lo que tu chico o chica quiere ser? ¿Por qué no les hablas para que le ofrezcan al joven un panorama más amplio de la realidad laboral? ¿Qué hay de los padres de tus adolescentes? Si ellos saben de tu genuino interés por sus hijos, te aseguro que te van a extender sus manos y a ayudarte en lo que necesites. Es cuestión de buscar.

Sé justo con ellos, muéstrales la realidad

Los jóvenes creen que el mundo es su mundo. Aún no se han dado cuenta de que la realidad es más dura que el ambiente en el que se han criado. En los casos en que los chicos viven con sus padres —los cuales pagan sus estudios y su teléfono, la Internet, la comida, los servicios básicos y sus placeres de adolescentes— es necesario un cambio de perspectiva. Esto significa que deben conocer a lo que se enfrentarán tanto en la universidad como en la vida. Busca personas que trabajen en las áreas de interés de tus chicos y pregúntales si es posible ir a verlos trabajar por una o dos horas. Permite que tus jóvenes vean con sus propios ojos y no por medio de un discurso o charla de lo que en realidad se trata.

En esta etapa puedes además buscar oportunidades para que vayan a ferias vocacionales y universitarias. Ellos tendrán un concepto más amplio cuando vean en realidad cuántos jóvenes como ellos están tomando las mismas decisiones. En estas ferias encontrarás además los planes de estudio de cada carrera, que consisten en un resumen de todas las materias individuales que tendrán que aprobar antes de poder graduarse en su profesión.

Mapa de vida

Esta sencilla técnica consiste en poner en papel todo lo que se necesita para ir de un punto a otro. En este caso, esos puntos son los lugares donde está tu chico ahora y donde se hallará el día en que se gradúe de su carrera. Es posible que tus jóvenes estén imaginándose el día en que reciban su título, pero en honor a la verdad, debes mostrarles también lo que se requiere para llegar allá. Mira lo que dice la Palabra de Dios:

> «Supongamos que alguno de ustedes quiere construir una torre. ¿Acaso no se sienta primero a calcular el costo, para ver si tiene suficiente dinero para terminarla? Si echa los cimientos y no puede terminarla, todos los que la vean comenzarán a burlarse de él, y dirán: "Este hombre ya no pudo terminar lo que comenzó a construir." O supongamos que un rey está a punto de ir a la guerra contra otro rey. ¿Acaso no se sienta primero a calcular si con diez mil hombres puede enfrentarse al que viene contra él con veinte mil? Si no puede, enviará una delegación mientras el otro está todavía lejos, para pedir condiciones de paz»
> **(Lucas 14:28-32).**

Es muy bueno que ellos sepan todo, ya que esto les muestra el camino y les recuerda que lo que hacen hoy puede sumar o restar para el resultado final. Te mostraré un ejemplo básico y sencillo. Supongamos que tu chico quiere ser profesor de arte. Su mapa de vida puede ser algo así (recuerda que debe hacerlo él, no tú): Consigue un pliego de papel grande. En un extremo del papel dibujen un círculo que indique dónde se encuentra el joven en este momento. Al otro lado del papel dibuja otro círculo que indique dónde quiere estar al final de su carrera. Traza una línea de círculo a círculo y escribe sobre ella el tiempo que transcurrirá (cuatro, cinco o seis años). Esto les da un lapso de tiempo a tus chicos y les permitirá comprender que es un proceso, no una emoción de solo un día. Divide esa línea en secciones, las cuales pueden representar años, trimestres o semestres, depende de cómo sea el sistema de la universidad. Escribe en cada división las materias que debe cursar a fin de seguir adelante. Paralelo a esta línea, anoten todas aquellas cosas extras que el joven hace hoy y analicen si podrá con todo. Aquí debes apuntar cosas como sus pasatiempos, el grupo juvenil, las relaciones sentimentales, la iglesia, los amigos. ¿Habrá algo a lo que deba renunciar? Traten de hacer el mapa de vida de la manera más creativa y significativa posible, recordando siempre que el mapa es de tu chico. Es posible también hacerlo en una cartulina grande. El mapa no debe tener absolutamente todos los elementos ni los detalles más mínimos, pero es una representación gráfica de lo que va a suceder. Si tu chico se anima, puede pegarlo en una pared de su habitación donde lo vea todos los días para que mantenga a tu joven enfocado en lo que está haciendo. Después de todo, no queremos que pierda el rumbo de su trabajo.

RELACIONES CON LOS PADRES

Por Patty Marroquín

Todos sabemos la importancia que tienen la familia y los padres, sin embargo, no siempre les dedicamos un tiempo o los consideramos dentro de los programas del ministerio juvenil. ¿Por qué deberíamos nosotros preocuparnos por ellos? Una poderosa razón es que debemos ser un ministerio a favor de la familia, ya que esto fortalece a toda la iglesia, y además porque los padres son los que están a cargo de los jóvenes de nuestros grupos.

Los líderes juveniles somos una influencia poderosa para los jóvenes, y si deseamos que esta influencia sea fuerte y perdurable, debemos lograr que los padres estén relacionados en el proceso de transformación espiritual de la vida de sus hijos. Además, debemos tener claro que los padres siguen siendo la principal influencia en la vida de sus hijos, ellos son las personas más importantes tanto para su desarrollo físico como mental, emocional, social y espiritual.

La familia

La familia cumple un rol importantísimo en nuestra formación. En el seno familiar se edifican las bases de lo que más tarde será nuestra personalidad, actitudes y valores.

En la familia logramos un sentido de pertenencia, formamos nuestra identidad, obtenemos ese sentimiento de quiénes somos, podemos satisfacer nuestras necesidades básicas (no solo las físicas), y nos sentirnos acogidos, aceptados y cuidados.

Hay muchos tipos de familias y de padres, así que no podemos generalizar. Sin embargo, la influencia y las repercusiones que tienen sobre los hijos son innegables.

La figura de un padre es muy importante para todo ser humano. La imagen que los hijos tengan de los padres puede ser un factor que determine la forma en que se comuniquen y relacionen con los demás, la confianza que tengan en sí mismos, etc. Las señales que reciben de ellos, ya sean positivas o negativas, serán un patrón a imitar el día de mañana.

Padres modelos

Dios es nuestro Padre celestial, y los padres terrenales, dentro de toda la creación, somos la imagen más cercana o parecida a Dios que tienen los hijos. ¡Qué importante es que nosotros como padres conozcamos al verdadero Padre y estemos relacionados con él!

Dios no está tan preocupado por la cantidad de amor, el tipo de educación, o qué tan buena sea la provisión que los padres les demos a nuestros hijos. Él quiere que nuestra principal y más importante tarea sea que mostremos la imagen del verdadero y perfecto Padre y les conduzcamos a él.

Dios, el Padre que siempre es y siempre está, es un Padre digno de toda nuestra confianza, nos da seguridad, y está dispuesto a enseñarnos a ser los mejores padres aunque no seamos perfectos.

¡Pero yo soy líder, no padre!

«Les escribo a ustedes, padres, porque han conocido al que es desde el principio. Les escribo a ustedes, jóvenes, porque han vencido al maligno. Les he escrito a ustedes, queridos hijos, porque han conocido al Padre. Les he escrito a ustedes, padres, porque han conocido al que es desde el principio. Les he escrito a ustedes, jóvenes, porque son fuertes, y la palabra de Dios permanece en ustedes, y han vencido al maligno» (1 Juan 2:13-14). Si por ser líder crees haberte librado de la responsabilidad de ser padre, este pasaje habla claramente que todos, no solo los padres biológicos, podemos ser padres espirituales, por lo tanto… ¡felicidades, eres padre!

Advertencia: No hay sustitutos

Ser padres espirituales de nuestros jóvenes bajo ninguna circunstancia nos convierte en padres sustitutos. Los padres no pueden tener un representante. No hay personas sobre la tierra, salvo los padres, que puedan cumplir con el rol que Dios les ha encomendado, ellos son insustituibles.

Por desgracia, no todos los jóvenes provienen de familias «felices» y bien constituidas. Muchos tienen padres que a su vez vienen de familias con problemas, heridas no sanadas, raíces de amargura, falta de perdón, etc. Y a pesar de haber sufrido tanto por vivir en este tipo de familia y haberse prometido no repetir el error con sus hijos, al no tener estos temas resueltos, los mismos tarde o temprano afloran en sus matrimonios y repercuten en los hijos, provocándoles mucho daño.

Ni los padres ni nosotros estamos en condiciones de entregarles a otros más de lo que hemos recibido, salvo que hayamos experimentado el poder sanador y transformador de Dios nuestro Padre en nuestras vidas.

¿Conoces al verdadero Padre? Preocúpate por tener este punto resuelto.

Las familias disfuncionales, con padres ausentes, abusivos, indiferentes, agresivos física o emocionalmente, etc., han provocado sentimientos de dolor, rechazo, soledad, rebeldía e inseguridad en los jóvenes, y esto nos lleva a adoptar un papel paternal con ellos, incluso a sobreprotegerlos y hasta a justificarlos. Sin embargo, debemos ser sabios y cuidar de no ir más allá de lo que corresponde.

Nuestro rol como padres espirituales es dirigirlos hacia Cristo, aconsejarlos y apoyarlos en todas las áreas de su vida, acompañándolos en su proceso de madurez. No nos confundamos, nunca podremos sustituir el rol de sus verdaderos padres. Ellos son los responsables ante Dios de formarlos espiritualmente, disciplinarlos, enseñarles a tener valores y establecer límites, entre otras muchas cosas.

Los líderes juveniles haremos todo lo posible por ayudar a los hijos a amar, perdonar y saber relacionarse mejor con sus padres, y a los padres los apoyaremos en la crianza de sus hijos. Reconozcamos que tanto los padres como los líderes jugamos roles muy distintos, pero complementarios, en la vida de los jóvenes, de modo que juntos, con la ayuda de Dios, velaremos para que nuestras vidas estén fundamentadas sobre la base correcta para así poder recibir y dar el amor que todos necesitamos.

Escuela para padres

«Es que nadie nos ha enseñado a ser padres», suele ser el lamento o la justificación de muchos papás que tratan de hacer lo mejor posible frente a la complicada tarea de criar a sus hijos.

Ni siquiera nueve meses de preparación y espera para la llegada de un hijo son suficientes a fin de estar preparados para ser padres. Por uno u otro motivo fallamos, experimentamos con ellos y nos equivocamos. Creemos haber encontrado «el método» para tratarlos, pero no funciona igual con todos. Cada hijo es un mundo aparte, único, especial y con su propia personalidad.

Muchas veces, al conocer a los padres, entendemos muchas cosas de los hijos. Sus errores son tan evidentes que dan ganas de ahorcarlos o sentarlos en un banquillo para enseñarles a ser buenos padres. ¡No obstante, ten cuidado! Tal como nos advierte Doug Fields: «No trates de enseñarles a los padres cómo serlo a menos que hayas sido padre de un adolescente».

Es cierto. Podremos saber mucho sobre los adolescentes, estar involucrados con ellos todas las semanas, conocer mucho de cultura juvenil, manejar su jerga, estar al tanto de sus gustos y su música, sin embargo, a menos que seamos padres de un adolescente, difícilmente sabremos a ciencia cierta lo que esto significa ni podremos enseñarle a otro padre, que sí lo es, a serlo.

En lugar de ser educadores de padres de adolescentes convirtámonos en sus aliados, en líderes comprometidos con la familia. Los padres necesitan saber que no estamos tratando de tomar su lugar, sino de ayudarlos.

¡En esta esquina...!

En la adolescencia, las relaciones entre padres e hijos son todo un tema. De un día para otro, el que considerábamos nuestro héroe cae del pedestal, está lleno de defectos y además es anticuado.

A los padres nos es difícil aceptar que el bebé creció, dejó de ser el niño al cual le dábamos órdenes y por el que decidíamos. Ahora toma sus propias decisiones sin consultarnos y encima de eso se equivoca.

A los padres, a pesar de que un día también fuimos adolescentes, nos es difícil entender a los hijos. La amnesia ataca nuestra memoria, olvidamos lo que significó vivir esa dura etapa: el bombardeo hormonal, el «estirón» que nos hizo torpes, los cambios de ánimo y voz, la definición de nuestra sexualidad, la necesidad de decidir qué haríamos por el resto de la vida. «Nosotros éramos más maduros», alegamos, y queremos que ellos lo sean. En realidad, no sabemos cómo enfrentar a los hijos sin ser rechazados o toparnos con un muro.

Hay algunos «especímenes» adolescentes que se sienten dueños del mundo, se han vuelto «maduros» de súbito, recitando de memoria sus «derechos», exigiendo o soñando con vivir la «vida loca» y disfrutar de los beneficios de los adultos, pero sin tener conciencia de sus deberes y las responsabilidades que deben asumir.

Tenemos también a los que no son tan conocidos, pero resultan cada vez más frecuentes, los adolescentes eternos. Con un cuerpo juvenil, inteligencia de adultos y alma de niños, son llamados «generación canguro». Ellos son especialistas en evadir al compromiso afectivo, no se van nunca de casa, buscan su realización personal, el éxito profesional y económico (bajo el ala de los padres), y eluden como a una peste el matrimonio. Son «niñotes» malcriados por padres que les han dado mucho más de lo que necesitan.

Se precisa una cuota extra grande de sabiduría del cielo a fin de ser padres equilibrados y figuras de autoridad. Para amar y disciplinar a la vez, hablar y escuchar, liberar y contener. Necesitamos gracia para comunicarnos y relacionarnos con ellos en su mundo, respetando sus espacios, sus gustos y su privacidad. A fin de estar presentes para sostenerlos, perdonarlos y brindarles una y otra oportunidad.

Cuando ellos no encuentran eso en los padres, irremediablemente lo buscarán en sus pares. Y en su búsqueda de identidad y su proceso de maduración comenzarán a «explorar» su entorno y a relacionarse con el mundo que los rodea, personas distintas y nuevas experiencias, sin que podamos evitar o prohibirles que lo hagan, pero sí —tanto los padres como los líderes— acompañándolos en el proceso.

Llaves para abrir el corazón de los padres

Honrarlos y obedecerlos

Nuestro corazón debe evidenciar un sentimiento de honra a fin de obedecer a nuestros padres de buena gana. Éxodo 20:12 nos exhorta: «Honra a tu padre y a tu madre». Esto es un mandamiento, no una opción, pero viene acompañado de una promesa, disfrutar de una larga vida, lo cual significa tener una vida de mejor calidad, ser más felices y gozar de paz, teniendo mejores relaciones y menos conflictos con aquellas personas con las que Dios nos permita vivir, en primer lugar los padres.

Es más fácil criticar que esforzarse por buscar lo positivo y resaltarlo. Es importante aprender a expresar nuestros sentimientos de desagrado y aceptar que tenemos desacuerdos, sobre todo con los padres. No obstante, aprendamos a discutir las cosas sin pelear a gritos ni ser groseros o agresivos. En el instante en que traspasamos la barrera del respeto, aunque tengamos la razón, perdemos la batalla.

Los padres no siempre tienen la razón ni son perfectos, ellos se equivocan; sin embargo, aun así les debemos obediencia. Ellos son la autoridad que Dios puso sobre los hijos y un día deberán rendir cuentas de la educación que les dieron. Dios bendice la obediencia, esta beneficia cien por ciento la relación entre padres e hijos. Es un punto a favor para ganarnos su confianza y poco a poco adquirir esa «libertad de acción» que tanto anhelan los jóvenes.

Nunca coincidiremos en todo con los padres, pero confrontarlos a gritos y sombrerazos no nos dará la razón, al contrario, creará una zanja divisoria.

A pesar de todo lo dicho, existe una excepción a la regla en cuanto a la obediencia, y es cuando los padres les imponen a sus hijos conductas que Dios ha prohibido. No obstante, aun así, nada justifica una conducta rebelde y grosera hacia ellos.

Es sano poder hablar de nuestras diferencias, sin embargo, hagámoslo con inteligencia y en el momento indicado. Nuestra naturaleza impulsiva nos hace saltar como gallos de pelea, pero para eso tenemos el fruto del Espíritu que nos da dominio propio, templanza y mansedumbre a fin de pensar sabiamente y saber si vale la pena discutir o es mejor guardar silencio y permitir que nuestras acciones hablen por nosotros y nos defiendan.

«El que es iracundo provoca contiendas; el que es paciente las apacigua»
(Proverbios 15:18).

Ser honestos con ellos

El orgullo y la soberbia cierran el corazón de un padre, así que debemos ser honestos y humildes para admitir que nos equivocamos y pedirles perdón. Aceptar nuestras fallas es una muestra de madurez y nos abre puertas con los padres.

No pretendamos llegar a nada positivo utilizando la mentira. No existe tal cosa como las «mentiritas blancas». Si deseamos ser tratados como adultos, seamos responsables de lo que hacemos y decimos, sin recurrir a ningún tipo de engaño.

«Porque procuramos hacer lo correcto, no sólo delante del Señor sino también delante de los demás»
(2 Corintios 8:21).

No debemos usar la mentira para ganar la ansiada independencia. Esta puede «funcionar» en algunos casos, pero tarde o temprano seremos descubiertos, y cuando esto ocurra, lo único que lograremos es vivir bajo la lupa de la desconfianza y el continuo acoso de nuestros padres.

Agradecerles y amarlos

¡Nos gusta abogar por nuestros «derechos» de hijos! Y es cierto, los padres tienen muchas responsabilidades y deberes para con los hijos, sin embargo, los hijos también deben ser agradecidos por todos los pequeños detalles o las grandes cosas que los padres hacen por ellos a diario.

Hay muchas formas de expresar amor. Muchos padres no lo hacen con palabras, besos y abrazos, ya que nadie actuó así con ellos y no saben cómo hacerlo, pero si abrimos bien los ojos podremos ver cientos de detalles que sin palabras nos «hablan» del amor que sienten por sus hijos. No basta con querer a los «viejos», hay que ser agradecidos, decírselo con palabras y demostrarlo con hechos concretos.

Damos por sentado que los padres deben tomar la iniciativa y demostrarles afecto a los hijos, pero no siempre es así. Animemos a los jóvenes a dar el primer paso, que vayan con sus padres y les digan que los quieren, que les den las gracias, los abracen, los besen, los acaricien, tomen un helado juntos, que les pregunten sobre su infancia o la relación con sus padres. En fin, que hagan con sus padres lo que les gustaría que hicieran con ellos (véase Mateo 7:12).

Si perseveran, tarde o temprano su comportamiento generará cambios en el corazón de sus padres. Los padres pueden ser raros, complicados, difíciles de entender, pero son las dos personas que Dios eligió para hacer que ellos existan.

No podemos volver el tiempo atrás, pero sí podemos animarlos a disfrutar de sus padres hoy, mientras estén vivos. ¡Nunca es tarde para volver a empezar!

Empatía

Intentar ponerse en los zapatos de otra persona es una buena práctica, sobre todo con esos padres «imperfectos» que tienen sus luchas, debilidades y pecados igual que nosotros.

El agotamiento diario, las muchas responsabilidades, las presiones familiares, laborales y económicas, los problemas de salud, así como muchas otras cosas, les juegan malas pasadas a los padres… y muchas veces los hijos son los que «pagan los platos rotos».

Tratar este tema en grupo servirá para que los jóvenes vean que es algo por lo que otros pueden estar pasando, para así tratar de entender a sus padres, aliviar su dolor y deshacerse del rencor que situaciones, palabras o acciones complicadas han producido en sus corazones.

Los padres también luchan por entenderse, aceptarse y amarse a sí mismos. Y en este proceso, como dice Mateo 7:11, «aun siendo malos, saben dar cosas buenas a sus hijos» y están haciendo su mejor intento para ser buenos padres. Durante la búsqueda de independencia, los padres no son necesariamente los «mejores amigos» de sus hijos. Es natural que ellos tengan un «mejor amigo», alguien con quien comparten cosas íntimas, secretos. Eso forma parte de su «rayado de cancha» y su anhelo de independizarse.

Obviamente, hay amigos y amigos. Algunos pueden ser de bendición y edificación, pero otros más bien nos destruyen, y a estos los padres tenemos un «olfato» especial para detectarlos, cosa que no siempre es bien recibida por los hijos. Llegado el momento de elegir debemos ver bien con quién juntarnos. «No se dejen engañar: "Las malas compañías corrompen las buenas costumbres"» (1 Corintios 15:33).

Los líderes juveniles somos figuras de referencia, amigos cercanos a los cuales los jóvenes suelen acudir cuando tienen conflictos con sus padres. Así que seamos prudentes, confidentes e imparciales, sabiendo cuándo callar y cuándo hablar, y no los pongamos nunca en contra de sus padres. Nosotros podemos ser el puente para zanjar una profunda brecha generacional.

Comunicación

«Huston tenemos problemas».

En toda relación la comunicación es vital, y esta no es precisamente la tarea más sencilla tratándose de adolescentes. Es común que en esta etapa la comunicación entre padres e hijos sufra un quiebre. Sus cambios hormonales los hacen estar irritables, no quieren o no saben expresar lo que les pasa. Se vuelven «monosilábicos», sus respuestas se restringen a gruñidos de «sí», «no» y «jmm». Marcan su terreno, exigen privacidad, se encierran en sus cuartos y colocan un letrero que dice: «Prohibida la entrada a los padres».

Las quejas más frecuentes de los adolescentes con respecto a sus padres son:
1. No me tienen confianza.
2. No me quieren.
3. No me escuchan.
4. Me critican.
5. Son hipócritas.

Sus pares pasan a ser sus referentes más cercanos, las personas con las que hablan y a quienes consultan para buscar respuestas al montón de cosas que les están sucediendo.

A diferencia de sus padres, esta generación postmoderna se caracteriza por ser virtual. La Internet es su mundo privado, en el que pasan largas horas del día. Allí son libres, pueden mostrarse tal cual son, lejos de sus padres. Ahora gran parte de las amistades y la comunicación se desarrolla a través de una pantalla, con un idioma propio expresado no con palabras, sino por medio de sus manos empleando miles de abreviaturas y símbolos que representan expresiones en sus «chateos», «posteos», mensajes de texto, correos electrónicos, etc.

Suena descabellado, pero confieso que en ocasiones logro una excelente «comunicación» y llego a mejores acuerdos con mi hijo a través de estos medios que cuando lo hago personalmente.

No importa el medio que usemos —ya sea la música estridente que sale de sus inseparables audífonos del I-Pod, los intrincados símbolos de los mensajes de texto, sus «amigos» de Facebook, un mensaje por Twitter o cualquier otra cosa que inventen el día de mañana— si nosotros los padres y líderes deseamos relacionarnos y comunicarnos con ellos, tenemos que estar dispuestos a adentrarnos en su mundo.

¿Raya con lo extraterrestre? ¿Es algo ajeno a nuestra formación? ¿Resulta frío, impersonal o deshumanizado? Puede ser, pero lo cierto es que no solo nacieron en ese mundo, sino que es ahí donde viven nuestros jóvenes.

Podrías decir: «Es que todo tiempo pasado fue mejor»… ¡para ti, pero no para nuestros jóvenes! Metiéndonos en su mundo podremos llegar no solo a sus ojos y oídos, sino también a sus corazones, y demostrarles que estamos allí no a fin de espiarlos o importunarlos, sino porque los amamos y para que sepan que estamos presentes.

La Internet es el mismo diablo para algunos (y pueden tener razón, hay grandes peligros en la red), pero no será con prohibiciones que los alejaremos de un medio en el cual el mundo entero se mueve hoy. Más bien eduquemos a nuestros chicos y velemos para que le den un uso adecuado a este medio de comunicación, y eso requiere «estar presentes».

Si deseamos mantener una buena relación con los jóvenes, habrá que hacer cambios y cuidar la forma en que nos comunicamos y las señales que les damos.

«Me he de comer esa tuna»… límites

Los límites son otro tema conflictivo. Los jóvenes tienden a ver la disciplina y la autoridad de los padres como un castigo, se rehúsan a someterse a ella, sin embargo, esto resulta necesario porque es una barrera de protección que nos brinda seguridad, una demostración más de amor hacia los hijos. «No corregir al hijo es no quererlo; amarlo es disciplinarlo» (Proverbios 13:24).

Hoy muchos padres se sienten amenazados y temerosos frente a sus hijos. Muchas veces sus errores no resueltos del pasado les hacen sentir que no tienen derecho ni la autoridad necesaria para enfrentarlos y corregirlos, de modo que caen en la permisividad y se vuelven el «papá o la mamá buena onda», sin saber el daño que les hacen a sus hijos. Esto también puede deberse a una actitud cómoda, ya que ellos mismos practican las cosas que critican en sus hijos y es mucho más fácil dejarlas pasar que cambiar y corregirlas.

De pronto el bebé creció, está más alto que ellos, es un cascarrabias y los corrige, cree saberlo todo, exige, alega, discute y responde. Comienza el tire y afloje.

¿Cómo tocarlos sin «espinarnos» la mano? ¿Cómo tratarlos? ¿Cómo corregirlos? ¿Qué hay de los límites y los permisos? ¿De dónde salió ese monstruo?

Los padres se sienten como si se hallaran frente a un desconocido que disfruta con llevarles la contra y tener siempre la última palabra. Y ante esa amenaza reaccionan con las típicas frases comparativas, recriminatorias e incluso hasta «dictatoriales», que les ponen los pelos de punta a los jóvenes:

> *«Se hace así porque yo lo digo y punto».*
> *«Cuando yo tenía tu misma edad…».*
> *«Si yo fuera tú haría tal y tal cosa».*
> *«¿Viste? Por no hacerme caso ahora tú…».*

Sin caer en la permisividad por temor a ser autoritarios, debemos aprender a «negociar» con nuestros adolescentes. Es decir, a tener la flexibilidad necesaria para no producir quiebres, pero sin tranzar nuestros valores. Estos permanecen tan actuales hoy como ayer, no cambian, así que debemos luchar con amor y sabiduría para cultivarlos, obedecerlos y practicar cosas tales como el amor a Dios, el respeto entre padres e hijos, el derecho y la responsabilidad frente a los estudios, los hábitos que se relacionan con la salud, entre otras.

Las grandes diferencias de crianza y valores pueden producir graves conflictos entre padres e hijos, pero nada justifica que los padres sean agresivos, abusadores o indiferentes con ellos. En estos casos nuestro rol de mediadores es fundamental, ya que tenemos el privilegio de mostrarles el verdadero amor del Padre, servir como puente para salvar brechas generacionales y ayudar a restaurar y sanar las relaciones rotas.

Los chicos están buscando independencia, demostrando que son personas que piensan y desean tomar sus propias decisiones. Los padres por otra parte siguen siendo las figuras de autoridad y deben ayudarlos para evitar que cometan errores que les pueden costar muy caro y hacerlos sufrir.

No entremos en comparaciones

Tanto los padres como los líderes tendemos a dar órdenes o soluciones con el fin de «ayudar», sin embargo, muchas veces caemos en las comparaciones o nos ponemos como modelo, lo cual, lejos de ser útil, hace que los jóvenes se cierren.

Aprendamos a hacer preguntas claves, esas que los hagan pensar y los ayuden a encontrar sus propias soluciones, tomar sus decisiones y enfrentar las situaciones complicadas, asumiendo con ello su responsabilidad.

Lo que funcionó hace treinta años no necesariamente es lo que funciona en la actualidad. El mundo en que hoy viven los adolescentes no es ni la sombra de aquel en el que algunos padres vivimos décadas atrás.

Muchos fuimos criados al estilo «regimiento», dictatorial, con severidad, muchas reglas, escasa comunicación y poca o ninguna relación. Lo que decían los padres era ley, se obedecía y punto, no habían «diálogos», y ni pensar en contar con un líder que hiciera de mediador. La moda, la música, los horarios, las comunicaciones, todo era diferente.

De este modo, es comprensible que tengamos opiniones encontradas, pero no debemos entramparnos en las formas, sino enfatizar nuestros valores, porque ellos son los que nos ayudan a tomar decisiones que estén de acuerdo a nuestra fe y a cumplir con el plan de Dios para nuestra vida.

Perdonar

Aun siendo cristianos, los padres pueden herir profundamente a sus hijos, dañar su autoestima y marcar de una forma negativa su personalidad.

El maltrato no solo puede ser físico, muchas veces el maltrato psicológico produce más dolor y causa más daño que un golpe. Existen frases de acusación, juicio o maldición como:

> *«Ojalá no hubieras nacido».*
> *«Tú no estabas dentro de nuestros planes».*
> *«Eres un inútil, no haces nada bien».*
> *«Eres insoportable, nunca encontrarás a alguien que te quiera».*
> *«Yo quería un hombrecito y naciste niña» (o viceversa).*

Estos son dardos clavados en el corazón que producen inseguridad, rechazo, culpa, rabia, rebeldía, resentimiento, amargura y odio. Tales sentimientos negativos carcomen nuestro corazón e impiden que crezcamos y disfrutemos como Dios lo planeó. No obstante, para eso vino Cristo, para borrar y sanar nuestras heridas, eliminar todo mal hábito y edificar nuestra verdadera identidad sobre la roca que es él.

«Dios nos libró del inútil modo de vida que ustedes aprendieron de sus antepasados [entre ellos los padres]. Y para liberarnos, pagó con la sangre preciosa de Cristo. Ahora obedecemos el verdadero mensaje de Dios, y por eso Dios los ha limpiado de todo pecado: para que se amen unos a otros sinceramente, como hermanos. Así que, ámense mucho unos a otros, con todo su corazón y con todas sus fuerzas. Dios ha cambiado nuestro modo de vivir. Es como si ustedes hubieran vuelto a nacer, no de padres humanos, que finalmente mueren, sino gracias al mensaje de Dios. Y es que ese mensaje da vida y nada puede destruirlo» (1 Pedro 1:17-23, paráfrasis).

Ayudemos a nuestros jóvenes a descubrir cuáles son los dardos que han recibido, reconocerlos, renunciar a ellos y sanar. Algunos padres pueden haberse equivocado profundamente con sus hijos, pero procuremos llevar a nuestros chicos a perdonarlos, sostenidos en el amor de Cristo.

«Él hará que los padres se reconcilien con sus hijos y los hijos con sus padres, y así no vendré a herir la tierra con destrucción total»
(Malaquías 4:6).

Sugerencias para ayudar a los padres de tus jóvenes

- Los papás ya tienen suficiente tarea con sus hijos, así que no hagas que «compitan» contigo. Hazles saber que no deseas tomar su lugar, sino ayudarlos y apoyarlos.
- Conoce a los padres, relaciónate con ellos y mantenlos permanentemente informados de tu propósito, calendario, programa, horarios, etc. Esto ayudará a que se planifiquen como familia.
- No cargues a tus jóvenes con programas y enseñanzas que los mantengan fuera de casa y los separen de sus padres. ¡Cuidado con creer que la asistencia de tus jóvenes a la iglesia es sinónimo de espiritualidad! Pudiera ser que la acción más espiritual de un joven sea no asistir a una actividad para pasar más tiempo con sus padres y su familia.
- Escucha a los padres de tus chicos, muéstrales empatía, trata de comprenderlos y ser lo más imparcial posible. No los juzgues ni critiques, y cuida lo que dices de ellos frente a sus hijos. Que piensen distinto a ti no significa que sean tus enemigos.

- Provee una «Escuela para Padres» donde impartas charlas y seminarios, ofreciendo literatura sobre temas que los ayuden a entender el mundo juvenil actual, la crianza, la disciplina, todo lo relacionado con la sexualidad, etc.
- Ofrece oración o consejería a través de ti, el pastor titular, otro líder encargado de esa área o algún profesional. Reúnanse con otros padres que compartan su testimonio y los apoyen.
- Apoya el desarrollo integral de tus chicos, brindando instancias que no solo satisfagan el área «espiritual», sino también la física, emocional y vocacional.
- No trates de mundano o poco espiritual a un joven que se destaca en otra área y le dedica tiempo (deportes, artes, estudio, etc.).
- El testimonio vivo y la transformación de un hijo adolescente a los ojos de los padres puede ser el método evangelístico más poderoso y efectivo para atraer a los padres a Cristo. Cerciórate de que haya un equipo de personas listas a fin de atenderlos una vez que se acerquen a la iglesia.
- Por sobre todas las cosas, cuida tu relación personal con Cristo para que seas su reflejo tanto para tus jóvenes como para sus padres. Practica lo que predicas. Recuerda que no podemos dar lo que nosotros mismos no hemos recibido.

EL AUTOCONCEPTO Y LA AUTOESTIMA

Por Esteban Borghetti

La idea de este capítulo es presentarte la importancia que tienen el autoconcepto y la autoestima en aquellas consultas que recibimos a diario. Verás cómo la autoestima estará presente en la mayoría de los encuentros de consejería que lleves a cabo y cómo cumple un rol central en los mismos. No obstante, corremos el peligro de que al ser un tema tan amplio, caigamos en la posibilidad de no definirlo como una cuestión aislada de los demás temas a tratar en nuestras charlas y simplemente lo consideremos parte de otra problemática. Sin embargo, se trata de un asunto tan importante que si me pidieras que predijera el comportamiento de una persona en tantas situaciones como me fuera posible, me bastaría con solo saber cuál es el concepto que tiene de sí misma para suponer varias conductas que podría desarrollar.

¿Qué es el autoconcepto?

El autoconcepto son las creencias que una persona tiene sobre sí misma, es decir, qué piensa sobre su forma de ser, sus capacidades, su valor o importancia y lo que valoran de ella los demás. El autoconcepto será la piedra fundamental de nuestra autoimagen y nuestra autoestima. El autoconcepto puede ser positivo o negativo. Las personas que tienen un concepto positivo de sí mismas normalmente tienden a desarrollar una buena autoimagen y una alta autoestima. Por el contrario, aquellas personas que tiene un autoconcepto negativo lucharán con una mala imagen de sí mismas y una baja autoestima. Nuestra autoimagen implica cómo nos vemos a nosotros mismos, cómo vemos nuestro físico, nuestra estética, nuestra apariencia, y cómo percibimos que los demás nos ven físicamente.

Permíteme darte dos citas al respecto: «El autoconcepto suele definirse, en sentido genérico, como el conjunto de imágenes, pensamientos y sentimientos que el individuo tiene de sí mismo. Pensamientos y sentimientos que, consecuentemente, permiten diferenciar dos componentes o dimensiones de los mismos: los cognitivos y los evaluativos» (*Rosenberg, 1979*). La dimensión cognitiva hace referencia a las creencias sobre varios aspectos de sí mismo, tales como la imagen corporal, la identidad social, los valores, las habilidades o los rasgos que el individuo considera que posee. Los aspectos evaluativos del autoconcepto, a los que también se le suele denominar autoestima, están constituidos por el conjunto de sentimientos positivos y negativos que el individuo experimenta sobre sí mismo (McCrae y Costa, 1988). «En la determinación de la influencia de ambos componentes (cognitivos y evaluativos), va siempre a representar un papel importante la imagen que el sujeto considera que los demás tienen de él: la dimensión social que considera que merece» (Leopoldo Salvarezza, *La vejez: una mirada gerontológica actual*, Paidós, Buenos Aires, 1998, p. 98). «Para C. Rogers, el autoconcepto está compuesto de aquellos valores y percepciones concientes de "mí" o "yo", algunos de los cuales son un resultado de la propia valoración por parte del organismo de sus experiencias, y que en algunos casos fueron introyectados o tomados de otros individuos significativos o importantes. El autoconcepto es la imagen que el individuo percibe de sí mismo» (Barbara Engler, *Introducción a las teorías de la personalidad,* McGraw-Hill, México, pp. 330-331).

Una vez formado un autoconcepto «coherente», construiremos nuestra autoestima, es decir, «cómo nos sentimos con nosotros mismos», de forma saludable. No obstante, según nuestro autoconcepto, podremos pensar que no «valemos» nada o bien que «valemos» mucho más de la realidad (autoimagen exagerada). Es aquí donde la Biblia nos dice que debemos trabajar en construir un concepto justo sobre nosotros mismo basados en «la medida de fe» que Dios nos ha dado (Romanos 12:3), ya que si fundamos nuestro autoconcepto en lo que Dios dice que somos, nuestra autoimagen y nuestra autoestima estarán en sintonía con la forma en que Dios nos ve.

La importancia de ver este concepto radica en que cada persona tiene su propio punto de vista sobre sí misma, así que es algo así como un diccionario interno que describirá sus características e influenciará en la mayoría de las decisiones que la persona tome.

Este diccionario interno se construye a lo largo de la vida. El autoconcepto es una construcción cultural. Se define en la interacción con las personas relevantes de nuestra niñez. Lo construiremos como en un espejo. Aquello que inconscientemente percibimos que nuestros padres u otras figuras relevantes piensan de nosotros será el fundamento de nuestro autoconcepto. Y aunque este autoconcepto es modificable, muchas veces será difícil de cambiar.

El autoconcepto, por su parte, dará pie a la construcción de nuestra autoestima. La autoestima indica cómo una persona se siente acerca de sí misma. La autoestima se forma con dos componentes: el concepto que tenemos sobre nosotros (lo que sabemos de nosotros mismos) y la imagen que creemos que los demás tienen de nuestra persona. Se ha descubierto que el grado en que nos sentimos cómodos con nosotros mismos está relacionado con tantas otras áreas del funcionamiento personal, que en su mayor parte los investigadores han perdido interés por estudiar la autoestima en sí misma y han vuelto su atención hacia la investigación de áreas más específicas afectadas directamente por un pobre concepto de uno mismo. No obstante, mi consejo es que no pierdas de vista la importancia de evaluar y trabajar sobre la autoestima cada vez que puedas hacer una intervención en el autoconcepto de tu chico. Siempre que puedas, trabaja en cuanto a los recuerdos, las vivencias y demás imágenes de la niñez y la adolescencia de tu aconsejado, ya que en esas historias se hallan las causas originales del complejo de inferioridad, las desvalorizaciones, la mala autoimagen y la baja autoestima.

Algunas señales que pudieran evidenciar una baja autoestima por parte de nuestro aconsejado

Por lo general es bastante difícil disfrutar de una adecuada relación de pareja, ser exitoso en las relaciones interpersonales, soportar la presión grupal, exponernos a la crítica o lograr el éxito en un proyecto sin un mínimo de autoestima.

Durante algunas de mis lecturas he encontrado varias listas de síntomas que pudieran describir la conducta de alguien que tiene una baja autoestima, y me pareció muy acertado hacer un resumen de ellas:

Síntomas de una baja autoestima

1. Sensibilidad a la crítica.

Aunque aquellos que se sienten inferiores «saben» que tienen debilidades como cualquier otra persona, no les gusta que los demás se las señalen. No es que deban estar felices de que otros vean sus debilidades o vayan contándole a todo el mundo sobre sus problemas, pero estas personas tienen la tendencia a percibir cualquier forma de crítica como un ataque personal. Evitan a toda costa mostrar sus debilidades, muchas veces construyendo un «yo social», un «yo público» muy diferente a lo que en realidad son en la intimidad. Cualquier llamado de atención por simple que sea o cualquier comentario por ingenuo que parezca lo toman como algo muy personal y lo consideran una desacreditación de toda su persona.

Por ejemplo, te acercas como líder a un músico para indicarle simplemente que quisieras que en vez de mantenerse inmóvil mientras toca, se mueva por la plataforma. Luego de tu comentario, el joven se ofende y lo toma como una desacreditación de toda su actuación en la alabanza. Otro caso es cuando tienes que pensar por horas cómo decirle algo a alguien sin que se ofenda, ya que sabes que si dices una palabra de más, deberás soportar durante días su ofensa. Obviamente, tenemos que pensar qué debemos decir y de qué forma hacerlo, pero este tipo de jóvenes son extremadamente sensibles.

2. Respuesta inapropiada a los halagos.

Este tipo de conducta se da en dos direcciones. Están los que se desesperan por oír algo bueno acerca de ellos y constantemente se mantienen a la pesca de cumplidos. Siempre tratan de mostrarte todo lo bueno que han hecho para que los elogies. El elogio es bueno, ayuda a mantener a tu joven alentado y estimulado, y a todos nos gusta que nos elogien y nos feliciten cuando algo sale bien luego de nuestro esfuerzo, pero los jóvenes de este tipo están desesperados por oír hablar bien de ellos. En otras ocasiones suele ocurrir lo contrario, los chicos pueden negarse a escuchar algo positivo acerca de ellos porque esto no concuerda con sus propios sentimientos. En casos como estos, cuando te acercas a elogiarlos, responden a cada uno de tus halagos con una explicación de por qué está mal que los felicites y te muestran todo lo que aún no han hecho.

3. Actitud hipercrítica.

Las personas que no se sienten bien con ellas mismas tienen problemas para sentirse bien con cualquier otra. Buscan con esmero imperfecciones y defectos en los demás para tratar de convencerse a sí mismas de que en realidad ellas no son tan malas después de todo.

Estos jóvenes no pueden sentirse inteligentes, atractivos y competentes a menos que sean el chico más inteligente, atractivo y competente del entorno.

4. Tendencia a la autocompasión.

Algunas personas con baja autoestima tienden a culparse y sentirse responsables del fracaso de cualquier actividad que no ha salido bien.

Poseen un sentimiento de que no hacen nada de forma correcta y son los mayores responsables de lo sucedido. A través de este tipo de acciones buscan que los demás los consuelen y así evitar el proceso de encargarse de aquellas cosas de las que deben ocuparse. Esta forma de actuar puede llevarlos en algunos casos hasta a culpar a los demás por su propio fracaso.

5. Sentimientos de persecución.

Es la creencia que tienen algunas personas de que la vida no les favorece. «A todos los demás les va bien, pero a mí no». «Es que yo no valgo tanto». «Es que mis padres no son como los padres del otro». «Es que me tienen envidia, por eso no me dejan progresar». «No soy yo, es el otro el no me permite desarrollarme». Llevada a sus extremos, la conducta de culpar a los demás puede extenderse a la creencia de que los otros están buscando activamente la ruina de uno. Si un joven es despedido de su trabajo, puede consolarse pensando que su jefe se la tenía jurada. Esto le permite evitar la responsabilidad personal por su fracaso.

6. Sentimientos negativos con respecto a la competencia.

Un joven con baja autoestima trata de evitar a toda costa competir, ya que siente que si no gana se evidenciaría su mediocridad. Estos no suelen ser chicos que disfrutan de un juego o una competencia, ya que en el juego estará implícita la evaluación de ellos como personas. Raramente disfrutarán el hecho de perder o no quedar en primer lugar, y verán cualquier tipo de exposición en público como un examen sobre sus habilidades.

7. Tendencia al distanciamiento y la timidez.

Puesto que las personas con baja autoestima creen que no son tan interesantes ni inteligentes como los demás, piensan que los otros sentirán lo mismo con respecto a ellas. De este modo, tienden a eludir las situaciones sociales, y cuando se ven obligadas a estar con otras personas, evitan hablar porque piensan que si lo hacen solo demostrarían de forma incómoda su torpeza o estupidez.

Cómo desarrollar un autoconcepto positivo

El rol del consejero

En nuestra tarea de consejeros seremos una parte fundamental en el proceso de ayudar a nuestro aconsejado a desarrollar un sano concepto de sí mismo. Para eso te recomiendo que tengas en cuenta estas ideas:

1. Ofrece la oportunidad de ser auténtico.

Dales la oportunidad de mostrarse tal cual son. Para eso sé tú mismo una persona natural, espontánea, fresca y exprésate acorde a tu edad, pero no dejes de ser auténtico ni ocultes tus propias debilidades. Permite que tus jóvenes vean en ti a una persona normal, no perfecta. Alguien que luchó con circunstancias muy similares a las que están atravesando, pero con la diferencia de que has encontrado una forma de salir de ellas. Cuéntale tus experiencias, muéstrate alcanzable e imitable. No eres Dios, solo otro pecador que ha alcanzado gracia y redención para las mismas debilidades que tu aconsejado. ¡Solo sé normal!

2. Enséñale a no fingir o ser alguien por miedo al desplante o la crítica.

Evita que tu aconsejado sienta que tiene que fingir ser otro porque esa es la única forma de que lo acepten. Resulta obvio que en las primeras entrevistas la relación podría ser fría y muy distante, pero busca la forma de permitirle ser quien es, de mostrarse lo más cercano a su yo real. Posiblemente tengas que oír cosas que no quieres escuchar, quizás tengas que guardar «tu martillo de juez», tal vez tengas que esperar para decir algunas cosas, pero todo esto es válido si consigues crear un ambiente en el que tu aconsejado baje sus defensas y te muestre su verdadera cara.

3. Se puede cambiar.

Sé el más optimista en cuanto al cambio. No hagas a un lado la realidad de que llegar a ese cambio no es fácil, pero explícales a tus jóvenes que con Cristo podrán disfrutar de una nueva forma de vivir. Permíteles cambiar. ¡Y también permíteles equivocarse!

Y cuando la equivocación se dé, mantente al lado de tus chicos hasta que haga falta. No los juzgues, enséñales a que ellos tampoco se juzguen después de cada error, aliéntalos al cambio aunque no les salgan las cosas bien aún. Demuéstrales con tus acciones y comentarios que no importa cómo resulten sus pruebas o acciones, tu respeto y cariño por ellos permanecerá inmutable. El hecho de ser queridos no depende de sus éxitos, sino de ellos como personas. Esto nos da pie para el próximo punto.

4. Seguridad de que el otro me quiere tal cual soy.

Como vimos antes, el mal concepto que tu chico tiene de sí mismo es el resultado de la interacción que ha sufrido en su niñez y su adolescencia con su grupo familiar y de amigos. Por eso, a partir de tu intervención, deberá entender que su valor no depende de lo que haga, sino de lo que es. A través de tus acciones, debe entender que su valía depende de su persona, no de sus logros o fracasos. Es obvio que la lucha y la tensión con la sociedad serán una realidad. La sociedad podrá juzgarlo por sus logros, pero es necesario que antes de alcanzar esos logros alguien le dé la seguridad de que tenga éxito o no, su valor será el mismo. Cuando ames a tus chicos tal cual son, los estimularás a amarse a sí mismos como son y a alcanzar logros que hasta ese momento eran inalcanzables.

5. Un ambiente de cuidado, protección y corrección.

Mientras acompañas a tu aconsejado deberás crear como una atmósfera de invernadero. No sé si alguna vez has visto un invernadero. En mi país existen muchos campos llenos de estructuras de madera recubiertas de un plástico semitransparente donde se cultivan plantas o frutos con los que se debe tener un tipo de cuidado especial. La planta deberá ser cultivada y protegida, ya que aún no está lista para ser trasplantada fuera del invernadero debido a la hostilidad del clima exterior. Esa es la idea que quiero darte. Es muy probable que tu tiempo de consejería sea ese invernadero que prepara a la planta para vivir fuera en el mundo exterior. Sin embargo, dentro del invernadero no todo es color de rosa, allí la planta se corrige, se poda, se le remueve la tierra, se riega, se nutre y se le quitan los malos brotes. La finalidad del invernadero es preparar a las plantas para ser trasplantadas. Nuestra finalidad durante el tiempo de consejería es ayudar a nuestro entrevistado a vivir una plenitud de vida como la que Cristo planeó para él. Los encuentros con tu aconsejado deberán ser lo suficiente sanos como para que se deje cuidar, pero a la vez lo bastante claros y firmes para corregir sus errores.

Algunas sugerencias para que tu aconsejado pueda desarrollar un autoconcepto positivo

Hazles ver a tus jóvenes que el desarrollo de su autoestima es fundamental para alcanzar sus objetivos y tener una mejor calidad de vida. Aquellos que tienen una buena autoestima presentan muy buenos niveles de adaptación social, logrando que las otras personas se sientan cómodas con ellos a causa de sus sentimientos genuinamente positivos y la aceptación de los demás. Estas personas tienden a resaltar lo mejor en aquellos que los rodean y generan un ambiente que permite que cada uno se muestre tal cual es. Los jóvenes con una autoestima adecuada se muestran menos ansiosos en una variedad de situaciones, siendo menos propensos a sentirse deprimidos, irritables o agresivos.

Hazle ver a tu aconsejado que el desarrollo de una correcta autoestima es solo responsabilidad suya, que tú lo ayudarás y lo acompañarás, pero que él debe ser el primero que busque cambiar el concepto que tiene de sí mismo. Para esto tendrás algunas tareas que asignarle que le podrían ayudar:

1. Identificar y reconocer sus fortalezas.

Busca que tu aconsejado reconozca no solo sus lados negativos, sino también los positivos. Una cosa no elimina la otra. El concepto bíblico para esto implica que si admitimos las áreas fuertes y débiles de cada uno de nosotros, podremos desarrollar un espíritu adecuado para cambiar aquellas en las cuales debemos aún crecer.

Pídele que haga su propia lista de sus áreas fuertes. Que escriba cinco cosas positivas acerca de su cuerpo, cinco acerca de su personalidad, cinco acerca de su intelecto, cinco acerca de su ministerio, etc.

Lleva a cabo una encuesta entre los seres queridos que conviven con tu aconsejado preguntándoles sobre las áreas fuertes y los aspectos positivos del joven. Solicítales que te la devuelvan en un sobre sellado y luego léesela a tu chico. Trabaja con él ayudándole a que lo crea.

2. Comenzar a reconocerse y elogiarse a sí mismo.

Tu joven debe ser el primero en premiarse luego de intentar algo. Que busque felicitarse de alguna forma. Que se tome un helado, se compre unos tenis, una chaqueta o lo que sea. Que vaya al cine… no sé, cualquier cosa que se vea como una forma de reconocer que va por buen camino.

Pídele que pase unos minutos frente al espejo mencionando todo lo positivo que ve en él mismo. Sí, pareciera que al hacerlo actúa como un loco, pero eso ayudará. Recuerda que los mensajes negativos sobre su persona están incrustados en su memoria desde hace muchos años y han sido reforzados por él mismo cada vez que se ha dicho: «No sirvo, no puedo, no soy como el otro», de modo que todos esos años de mensajes negativos deben cambiar pasando un tiempo afirmándose de forma positiva.

3. Descubrir lo que Dios piensa de él.

Este es el punto principal. Todo el trabajo de tu aconsejado para tener un concepto sano de sí mismo debe estar basado en lo que Dios piensa sobre él. Debe ocurrirle lo que dice Romanos 12, ser transformado por la renovación de su entendimiento, por eso es muy bueno que le des como tarea descubrir qué dice Dios sobre él, quién es en Cristo, su verdadera naturaleza, su propósito y sus dones, así como crecer en una nueva relación con su padre celestial. Esta será la base de su nuevo concepto de sí mismo.

4. Relacionarse con una comunidad de fe que apoye el cambio.

No se puede encontrar una solución permanente para el problema con el autoconcepto. Debemos enseñarle a nuestro aconsejado que su nuevo concepto sobre sí mismo debe ser cultivado todos los días. Esta será una nueva tarea que debemos cumplir con responsabilidad. Pídele que elija una comunidad «sana» de la cual formar parte, un lugar donde desarrolle amistades y vínculos. Esta será una gran decisión en función de alcanzar una sana autoestima.

VICIOS: ALCOHOL Y CIGARRILLOS

Por Esteban Obando

Lo dice allí mismo en la cajetilla de cigarrillos: «Fumar causa cáncer de pulmón, enfermedades del corazón y enfisema, y puede complicar el embarazo». Todos sabemos —aun los adolescentes— que los vicios como el alcohol y el tabaco traen consecuencias negativas para la salud de nuestros cuerpos. Todos entendemos que lo más inteligente sería no exponer a nuestro cuerpo a estas cosas que solo le hacen daño. Sin embargo, las industrias del alcohol y el cigarrillo siguen ganando millones de dólares cada año. ¿Por qué?

Nuestros jóvenes se ven expuestos a muchas cosas que pueden involucrarlos en estas prácticas: presión de grupo, soledad, curiosidad, temor, moda, rebeldía, baja autoestima o diversión. ¿Cuáles son las que afectan a tus chicos? ¿Estamos creando ambientes en el ministerio juvenil que nos permitan hablar con franqueza y claridad sobre estos asuntos?

Cabe aclarar que hay casos muy severos que no solo implican el alcohol o el cigarro, sino también otro tipo de sustancias. Así que ten en cuenta que en ocasiones no podrás resolver las cosas solo, sino que será necesario buscar ayuda profesional. Tu acercamiento inicial te dejará saber si está en tus manos o no el lograr algo.

Síntomas y enfermedades

Una práctica fundamental a la hora de aconsejar a los jóvenes es que debes hacer el esfuerzo por mirar más allá de lo que te dicen tus ojos. Con mucha frecuencia caemos en el error de pensar que el problema de los chicos radica en la forma en que se visten y hablan, en si fuman o toman alcohol, cuando en realidad existe un motivo para estas cosas. Nuestros chicos están buscando establecer su identidad. Ella los acompañará el resto de su vida, por lo tanto querrán experimentar en búsqueda de sí mismos. Y en medio de todo, dentro de ellos se generan una serie de emociones y sentimientos.

Tus chicos fuman no porque ese sea el fin último, sino porque es un medio para alcanzar algo más. Toman alcohol buscando algo más profundo que solo sostener un vaso con licor en sus manos. Ese es el desafío que tenemos como líderes y consejeros. Encontrar el porqué de las cosas y poder ofrecerles una luz en cuanto a cómo solucionar sus profundos problemas existenciales.

¿Por qué lo hacen?

Algunos expertos han identificado las causas probables por las que nuestros chicos colocan el primer cigarrillo en su boca:

1. Baja autoestima: La autoestima, es decir, la forma en que una persona se ve a sí misma con sus virtudes y faltas, influye poderosamente en el consumo de alguna sustancia dañina, por ejemplo, el tabaco. Esto sucede porque la autoestima está muy vinculada con el sentimiento de ser capaz y competente. Así que resulta más probable que aquella persona que no se siente bien consigo misma o es incapaz de resolver sus problemas caiga en el consumo de drogas o cualquier sustancia que la deprima o estimule.

2. Decisiones y presión: La toma de decisiones no es sencilla incluso para un adulto. Nos vemos constantemente bajo la presión de elegir lo que la sociedad nos demanda. Si esto es un trabajo que requiere madurez y control para un adulto, ¿te imaginas lo que puede ser para un adolescente que apenas está desarrollando su sentido crítico y su responsabilidad? Las equivocaciones y pruebas son frecuentes en el desarrollo de los chicos hacia la madurez. No queremos justificarlos, solo entenderlos. Como consejeros y padres es importante guiar la toma de decisiones, nunca imponerlas. El reto es lograr que ellos mismos lleguen a las elecciones más adecuadas.

3. Vínculo entre referentes y adolescentes: Es inevitable que nuestros chicos se relacionen afectivamente con alguien. Ellos están en ese proceso de buscar a personas a las cuales imitar. El vínculo afectivo implica una relación activa, recíproca y fuerte entre las personas. Idealmente, esa relación debe darse entre los padres y el joven. Es importante que existan lazos afectuosos sólidos y una comunicación fluida entre los miembros de la familia, ya que esto brinda una estabilidad emocional. El otro escenario, un clima familiar conflictivo o falto de cariño, favorece la posibilidad de involucrarse en el consumo de drogas y otras adicciones como el cigarrillo y el alcohol. El líder consejero debe asegurarse de que los chicos tengan en su vida uno o dos de estos referentes. Si no puedes contar con la familia para esto, debes entonces profundizar más con tu chico.

4. Consumo de cigarrillos en la familia: Cuando un miembro de la familia fuma cigarrillos, existen dos efectos sobre los menores que no los consumen: tienen un modelo cercano que no toma conciencia de las consecuencias de fumar, y se vuelven tolerantes al olor del cigarrillo, teniendo una mayor tendencia al consumo de tabaco. Diferentes estudios sostienen que el hábito de fumar de los padres se relaciona con el de sus hijos de un modo directo. La mayoría de los fumadores proceden de familias donde ambos padres fuman, mientras que la mayoría de los no fumadores provienen de familias donde ambos padres no fuman.

5. Consumo de cigarrillos en el grupo: Si el grupo de referencia consume cigarrillos o toma alcohol, es muy probable que un adolescente termine fumando o tomando también. La Biblia afirma: «*Las malas compañías corrompen las buenas costumbres*» (1 Corintios 15:33). ¿Debemos condenar entonces a los amigos que fuman? El secreto aquí está en proveerles a los chicos amistades donde no sientan la presión de fumar o tomar.

¿Qué hay de la iglesia?

La iglesia tiene muy clara su posición: esto es pecado. Tales vicios dañan nuestro cuerpo y causan adicción, por tal motivo son cosas que no se deben hacer. Así que nuestros chicos han optado entonces por hacerlas en un ambiente de no juicio, con sus amigos no cristianos y en algunos casos con otros amigos cristianos que al igual que ellos tienen un pensamiento más «liberal» en cuanto a estas cosas que al final de cuentas —como dicen tales jóvenes— «no lastiman a nadie».

Te sorprendería saber la cantidad de cristianos que toman licor, por ejemplo, sin sentir ningún tipo de responsabilidad hacia los demás. La iglesia y el grupo juvenil definitivamente no pueden ser una plataforma donde incentivemos estas prácticas. No estoy diciendo que tomarse una cerveza con los amigos sea pecado. Estoy diciendo que el grupo juvenil debe ser un ambiente seguro, donde sepamos que nuestros jóvenes no recibirán la más mínima tentación en ninguna de estas áreas.

Estrategias claras

Vamos a definir algunos de los factores que estimulan el uso del alcohol y el cigarro y a tratar de darte estrategias para resolver estas adicciones.

Baja autoestima.

Independientemente de lo que los chicos piensen de sí mismos, lo que vale es lo que Dios piensa de ellos. Muchos han escuchado durante tanto tiempo lo poco valiosos que son, que ahora necesitan una fuerte dosis de palabras afirmativas que les enseñen cómo Dios los ve. Debes ser honesto y explicarles que todas las cosas positivas que Dios dice que tenemos y somos son justamente en él, en Cristo. Ayúdales a ver en su vida práctica que estas verdades bíblicas son aplicables. Si Dios dice que somos más que vencedores en Cristo, encuentra alguna ocasión de sus vidas en que aplique esto. Si dice que somos luz, piensa cuándo lo han sido para alguien. Haz que la Palabra se vuelva viva en sus vidas. Una dosis fuerte de afirmación no le hace mal a nadie. Aquí te menciono algunas cosas que Dios dice de tu chico. Recuérdaselas en todo momento:

> —Tu chico es la sal de la tierra, **Mateo 5:13.**
> —Tu chico es la luz del mundo, **Mateo 5:14.**
> —Tu chico es parte de la vid verdadera y un canal de la vida
>   de Cristo, **Juan 15:1, 5.**
> —Tu chico es amigo de Cristo, **Juan 15:15.**
> —Tu chico es elegido por Cristo para llevar su fruto, **Juan 15:16.**
> —Tu chico es siervo de la justicia, **Romanos 6:18.**
> —Tu chico es siervo de Dios, **Romanos 6:22.**
> —Tu chico es hijo de Dios, **Romanos 8:14-15; Gálatas 3:26; 4:6.**
> —Tu chico es coheredero de Cristo, compartiendo su herencia con él,
>   **Romanos 8:17.**
> —Tu chico es templo de Dios. Su Espíritu mora en él,
>   **1 Corintios 3:16; 6:19.**
> —Tu chico está unido con el Señor y es un espíritu con él,
>   **1 Corintios 6:17.**
> —Tu chico es miembro del cuerpo de Cristo, **1 Corintios 12:27,**
>   **Efesios 5:30.**
> —Tu chico es una nueva creación, **2 Corintios 5:17.**

—*Tu chico está reconciliado con Dios y es ministro de reconciliación,* **2 Corintios 5:18-19.**

—*Tu chico es un santo,* **1 Corintios 1:2; Filipenses 1:1, Colosenses 1:2.**

—*Tu chico es hechura de Dios, nacido de nuevo en Cristo para ser su obra,* **Efesios 2:10.**

—*Tu chico es conciudadano de los santos y miembro de la familia de Dios,* **Efesios 2:19.**

—*Tu chico es justo y santo,* **Efesios 4:24.**

—*Tu chico es ciudadano del cielo, sentado en el cielo ahora mismo,* **Efesios 2:6.**

—*Tu chico está escondido con Cristo en Dios,* **Colosenses 3:3.**

—*Tu chico es la manifestación de Cristo, porque él es nuestra vida,* **Colosenses 3:4.**

—*Tu chico es escogido de Dios, santo y amado,* **Colosenses 3:12.**

—*Tu chico es una de las piedras vivas de Dios, siendo edificado en Cristo como una casa espiritual,* **1 Pedro 2:5.**

—*Tu chico es miembro del linaje escogido, un sacerdocio real, una nación santa, un pueblo adquirido por Dios,* **1 Pedro 2:9-10.**

—*Tu chico es un extranjero en este mundo, en el cual vive temporalmente,* **1 Pedro 2:11.**

—*Tu chico es enemigo del diablo,* **1 Pedro 5:8.**

—*Tu chico es hijo de Dios, y será como Cristo cuando él regrese,* **1 Juan 3:1-2.**

—*Tu chico es nacido de Dios y el maligno o diablo no puede tocarlo,* **1 Juan 5:18.**

Amistades destructivas.

Este punto es crucial. Los amigos de tus chicos pueden ser la clave o el clavo. Ellos pueden ser tus mejores aliados o tu peor pesadilla. Si deseas que tus chicos se rodeen de un ambiente sano que les ayude a enfocarse en otras cosas sin la presión de los vicios, necesitas ser intencional. Deberás hacer algo dentro de tus programas que incentive a que los chicos se conozcan y se hagan amigos. Esto indudablemente será una herramienta poderosísima.

Falta de conocimiento.

Tus chicos tienen mucho en su cabeza, y no siempre cosas basadas en los principios bíblicos. Solo basta con que les hagas algunas preguntas existenciales para que escuches todo tipo de disparates, los cuales te dicen mirándote a los ojos y con toda seriedad. Sin embargo, son solo pensamientos subjetivos de cómo observan la vida. Debes hablarles a la luz de la Palabra de Dios del principio del amor, el testimonio cristiano, la administración y la mayordomía de sus cuerpos, etc. El alcohol y el cigarrillo usualmente se oponen a estos principios. Hazles ver que Dios ha puesto esas cosas en la Biblia a fin de protegerlos porque los ama. Recuerda que tú eres su líder, consejero y maestro. ¡Ánimo!

¿Y si no cambian?

Hace un par de años tuve un altercado con uno de mis chicos en la iglesia. Fue algo que una de las adolescentes presenció y para ninguno de los tres resultó una situación placentera. Sé que el chico estaba en un error, pero por nada del mundo lo quería aceptar, es más, no deseaba mi ayuda. Frustrado, terminamos la conversación y el chico se fue. Me volví hacia la otra chica y le pregunté:

> *«¿Qué hacemos, Danny?».*
> *Y ella me respondió: «Nada, Esteban, seguirlo amando».*

Aún recuerdo el consejo que una adolescente de diecisiete años me dio esa noche y veo la verdad encerrada en sus palabras. ¿Y si mis chicos no cambian? ¿Y si siguen en sus malos pasos? ¿Qué hacemos? Recuerda a Danny que te dice:

> *«Nada, sigue amándolos».*

EL EMBARAZO EN LOS ADOLESCENTES

Por Patty Marroquín

• Caminaban por la calle de regreso a casa cuando su orgulloso padre lo abrazó y le dijo: «Hijo, tu hermana ya es mujer». Él chico se quedó perplejo, llevaba catorce años viviendo junto a su hermana y estaba cien por ciento convencido de que ella siempre había sido una chica, una mujer. ¿De qué hablaba su padre? ¿Se volvió loco? ¿Recién ahora se venía a dar cuenta de que tenía una hija mujer?

• Muy temprano, como de costumbre, su madre lo fue a despertar para ir al colegio. Lo llamó varias veces, pero como no se levantaba, lo destapó para sacarlo de una oreja de la cama. De pronto, comenzó a sentir unos gritos y de paso unas cachetadas en la cara: «¡Cochino, mira nada más! ¿Qué es lo que te has estado haciendo?». Adormecido aún, no podía entender el enojo de su madre, pero con el tiempo lo descubrió. Desde ese día en adelante, al escucharla venir y percatarse de que el «campeón» estaba «firme», corría al baño a hacer pipí. Aquel niño de nueve años muy pronto pensó que los «sueños húmedos», las erecciones nocturnas, eran algo malo…

• Hija, firmé la circular del colegio, ya di mi permiso para que mañana participes de una «importante charla». A los diez años, gracias a una película documental, fui instruida en lo que pronto vendría: Una vez al mes me iba a «enfermar» y me «llegaría la regla», de modo que debía estar preparada, pues en cualquier momento me convertiría en mujer… ¡y de paso estaría apta para tener un bebé!

• Estaba en el baño, era el día de mi boda, la fecha más emocionante de mi vida. Mi padre me esperaba ya listo para ir a la iglesia, mientras yo me daba los últimos retoques a fin de verme radiante. Todo parecía estar bien, aunque temblaba como una gelatina. De pronto tocaron a la puerta (toc-toc).

> —¿Puedo pasar? —preguntó.
> —Sí, pasa —respondí.
> —Eh… bueno, mira, yo solo quería saber si tienes alguna pregunta que hacerme, tú sabes —me dijo.

> —¿Alguna pregunta? —indiqué y luego hice una pausa—. Eh… no, no tengo ninguna pregunta, todo está bien, gracias.

Algunos de estos relatos cortos y reales son ejemplos de la instrucción en el área sexual y la consejería prematrimonial que yo recibí.

¡Parecen chistes, pero no lo son! Mi esposo y yo estamos viviendo nuestros cincuenta y venimos de una generación que tuvo que enfrentar la sexualidad «a pulso», sin mayores conocimientos, ya que nadie nos hablaba del tema y salvo algunos consejos de «amigos» o revistas «dudosas», tampoco había mucho al alcance para leer.

Han pasado muchos años y las cosas han cambiado de un modo drástico. Hoy los adolescentes tienen exceso de información (y la ven puesta en práctica también), aunque la mayoría está totalmente tergiversada y amoldada a lo que la sociedad donde viven les dicta. Y para colmo, muchos padres siguen poniéndose colorados frente al tema y continúan refiriéndose al «pirulín», las «bolitas», el «popín» y las «pechuguitas», en lugar de llamar a las cosas por su nombre: pene, testículos, vagina y busto.

¿Y la iglesia? Ni hablar, allí esos temas no se tocan…

No es recriminación, pero me hubiera gustado mucho haber escuchado la «verdad de la milanesa» de boca de mis padres. Imagino una conversación así:

> ¡Hija, el sexo es bueno! No es ninguna cochinada que el diablo inventó, sino el mejor regalo de bodas que Dios les dará a tu esposo y a ti cuando se casen.

> Verás hija, como mujer que eres, Dios te hizo sexuada, y no te espantes, experimentarás lo que se llama impulso sexual… Déjame explicarte… Dios ordenó que fuéramos fecundos y nos multiplicáramos, y de paso que lo disfrutáramos. ¿No te parece increíble?

> Sin embargo, como todo en la vida, cada cosa tiene su tiempo, así que Dios y nosotros también te ayudaremos a fin de que conozcas el momento y la forma indicada para disfrutar de este regalo como él lo ha dispuesto, con el hombre indicado para ti y dentro del matrimonio.

Antes de pasar al tema del embarazo adolescente, retrocedamos un poco…

La vieja pregunta de: «¿Hasta dónde puedo llegar?»

La respuesta Bíblica es tajante, lapidaria: *«Entre ustedes ni siquiera debe mencionarse la inmoralidad sexual, ni ninguna clase de impureza o de avaricia, porque eso no es propio del pueblo santo de Dios»* **(Efesios 5:3)**.

Los embarazos adolescentes son una triste y creciente realidad. Sin embargo, por lo general no se llega a un embarazo de la noche a la mañana, sino que casi siempre esto es producto de un proceso: primero aparecen los pensamientos impuros, luego las palabras indebidas y finalmente las prácticas ilícitas.

Más que «prevenir antes que lamentar», dar sermones o listas interminables de reglas, prohibiciones y amenazas del infierno a los jóvenes, todos —incluidos nosotros— debemos tener claro que vivir una sexualidad sana, la que Dios diseñó para disfrutar al cien por ciento, no depende de qué tan «bien» nos portemos, ni del empeño que pongamos para llegar «cero kilómetros» al matrimonio, es decir, vírgenes física y mentalmente.

Solo siendo aliados estratégicos de Cristo, desconfiando de nuestras propias fuerzas y sometiéndonos a su yugo, el cual es suave y su carga liviana (véase Mateo 11:30), podremos liberarnos de toda tentación y todo pecado que nos lleva a vivir una sexualidad fuera de tiempo y lugar.

Hemos dejado pasar años evitando el tema o discutiendo quién tiene o no el derecho de instruir a nuestros niños y jóvenes en cuanto a la sexualidad, o cuestionándonos si este es un tema digno de ser tratado en la iglesia. Mientras tanto, el diablo se carcajea y sigue haciendo muy bien su tarea: desvirtuando la verdad de Dios y alejándonos de ella.

Esta verdad es una excelente noticia: Dios está a favor del sexo y del impulso sexual que puede existir entre una pareja de esposos que se aman. La sexualidad no tiene nada de sucio, pervertido o pecaminoso, es algo sagrado. ¡Dios, que es santo, la inventó! Por eso es que él nos llama a renunciar a todo lo vergonzoso, a lo que se hace a escondidas, al engaño. La lujuria es un dios falso que tiene cegados y engañados a nuestros jóvenes, haciéndoles creer que es amor verdadero (véase 2 Corintios 4:2, 4).

Los padres de familia, en primer lugar, tenemos el derecho y el deber de instruir a los hijos en el área de la sexualidad, y la iglesia debería contribuir a la tarea de igual forma. Nuestro silencio, ignorancia o tabúes parecieran dar «luz verde» a lo que algunos pretenden inculcar como lo verdadero y correcto. Hablemos de la sexualidad conforme al plan divino de Dios, ya que muchos de nuestros jóvenes están siendo destruidos por falta de conocimiento (véase Oseas 4:6).

La lujuria es un pecado porque va mucho más allá de la atracción o incluso del sano impulso de tener relaciones sexuales. Es un deseo sexual impuro que no le trae honor a Dios ni a la persona. Se trata de un deseo poderoso y egoísta que solo busca satisfacer sus propias necesidades, es insaciable, y se contrapone al mandamiento de Dios que nos ordena: «No codicies». La lujuria nos lleva a desear por sobre todas las cosas —incluso por encima de Dios— lo que no tenemos ni debemos tener porque es prohibido, en el fondo, es idolatría.

La lujuria no se vence guardando silencio ni con prohibiciones, sino por medio de la convicción del cumplimiento de la promesa de Dios, que nos ofrece felicidad y un deleite mil veces superior y duradero que el placer efímero que la lujuria nos puede dar.

Todos, hasta el más «santo», adulto o joven, hombre o mujer, batallamos con pensamientos impuros. El enemigo es especialista en exponernos a ellos y nosotros en darles cabida, y él lo sabe muy bien. Recordemos esto: ¡El órgano sexual más importante es nuestro cerebro, así que guardemos nuestra mente! Solo reconociendo nuestra incapacidad para vencer con nuestras propias fuerzas y recurriendo a la gracia de Dios lograremos vivir en santidad, agradando al Señor. Y nos liberaremos del temor y la vergüenza que nos asechan haciéndonos sentir pecadores, inmundos, sin remedio e indignos para ser perdonados y limpiados por él.

¿Qué tan lejos podemos llegar? Tan lejos y tan apasionadamente como pueda ir sin que la presencia de Dios, que está conmigo en todo momento, se sienta incómoda u ofendida, sino que por el contrario, disfrute conmigo de todo lo que hago (véase Salmo 139:7).

Qué hacemos con nuestras hormonas

«Le voy a pedir a Dios que me quite mis deseos sexuales», me dijo un chico un día en su sincero anhelo por vivir una vida llena de santidad y pureza sexual.

«¡Por ningún motivo, tendrás grandes problemas con tu esposa si el Señor responde afirmativamente tu oración!», le respondí.

Del club de Tobi y la pequeña Lulú al mundo real

Las niñas dicen que los niños son sucios y groseros, y los niños opinan que ellas son feas y bobas. De pronto, todo cambia. Los niños ya no son tan sucios, ni las niñas tan feas y bobas… Aparece la atracción y un serio interés por el sexo opuesto, acompañado de extrañas sensaciones nunca antes experimentadas.

¡Bienvenido a la adolescencia con todos sus cambios y su bombardeo hormonal!

Una loca carrera comienza en búsqueda de nuestra identidad, incluida el área sexual, e iniciamos una suerte de juego de autonomía e independencia. Los padres dejan de ser nuestros héroes y se transforman en unos viejos anticuados. En su lugar nos acercamos a nuestros pares, los «amigos», quienes de la noche a la mañana pasan a ser relevantes y cuya opinión y consejos son más importantes que los que nos dan los «viejos».

Cambios biológicos: ejercicio temprano de la sexualidad

Durante la adolescencia se experimentan importantes cambios físicos y biológicos. Los chicos luchan con el cambio de voz, los vellos y los músculos. Las chicas tendrán su primera menstruación (son fértiles a los doce años como promedio) y su busto crecerá. Pareciera que en la actualidad sus cuerpos se desarrollan más temprano, aparentando más edad de la que tienen y asumiendo actitudes de mujer mayor. Juegan con la sensualidad sin tener conciencia ni madurez para sopesar lo que hacen y lo que provocan, mientras que a la vez quieren seguir siendo las niñas mimadas de papá.

La fertilidad temprana, sumada a la falta o pérdida del pudor de muchas chicas que muestran actitudes provocativas hacia el sexo opuesto —influenciadas por lo general por los medios o el ambiente donde viven— están llevando entre otras cosas a nuestros jóvenes a practicar la sexualidad a edades cada vez más tempranas.

¿De dónde obtienen información?

Mi esposo y yo hemos dado charlas de sexualidad a varios grupos de jóvenes cristianos solteros con un gran porcentaje de líderes activos en sus iglesias. Puede que las preguntas que leerás te pongan la piel de gallina, pero son solo algunas de las que nos han formulado cuando una vez terminado de hablar del tema damos tiempo a las preguntas.

- —¿Está bien acostarse con una chica sin tener algún grado de compromiso?
- —¿Es correcto tocar las partes íntimas de mi pareja cuando nos amamos?
- —¿Vale la pena esperar hasta casarme para perder mi virginidad?
- —¿Es pecado masturbarse? ¿Es correcto usar juguetes sexuales?

—Somos novios, nos amamos y nos casaremos. ¿Por qué es pecado tener relaciones sexuales?

—¿Es verdad que una chica puede embarazarse solo con frotar los genitales de ambos con ropa interior?

—Mis hermanos abusaron de mí. ¿Dios me puede perdonar? ¿Mi sexualidad está dañada?

—Si tuve sexo oral o anal sigo siendo virgen, ¿verdad?

—¿Qué se hace con el semen en la boca?

Evidentemente, la pregunta que tenemos que hacernos no es si debemos o no hablarles de sexo a nuestros adolescentes y jóvenes. ¡Algunos podrían darnos una cátedra en la materia! Ellos tienen acceso a una información ilimitada, conocen la sexualidad e incluso varios están experimentando en esa área —aunque de forma equivocada, distorsionada y alejada del plan original de Dios— mucho más de lo que imaginamos. No podemos tapar el sol con un dedo, gran parte de nuestros chicos son sexualmente activos, están atrapados en la pornografía y la lujuria, y tristemente nuestras adolescentes están quedando embarazadas. ¡Es tiempo de hablar «a calzón quitado» de una vez por todas!

Embarazo adolescente

¿Sabías que desde el año 2003 se instauró el 26 de septiembre como el «Día Nacional para la Prevención del Embarazo No Planificado en Adolescentes»?

Según un estudio hecho en México por el Celsam (Centro Latinoamericano Salud y Mujer AC), con sedes en trece países latinoamericanos y Estados Unidos, y la Encuesta Nacional de la Juventud del 2005, se determinó que el treinta y tres por ciento de los hombres y el veintidós por ciento de las mujeres adolescentes entre quince y diecinueve años declaró haber tenido ya relaciones sexuales. La mayoría tuvo su primera relación sexual entre los quince y los diecinueve años, aunque un alto porcentaje la inició entre los doce y los catorce años. De ellos, el cuarenta y dos por ciento de las chicas y el setenta y cuatro por ciento de los chicos (entre quince y diecinueve años) utilizaron algún método anticonceptivo en su primera relación sexual.

«En América Latina, cuarenta y seis millones de embarazos de adolescentes concluyen cada año en un aborto inducido y casi veinte millones de ellos se hacen de manera "insegura"» (datos obtenidos de *www.celsam.org*).

Parte de un estudio realizado por el Instituto Alan Guttmacher (cuya «declaración de misión» afirma que están para «proteger el derecho a decidir con respecto a la reproducción de todas las mujeres y los hombres a través del mundo», y entre otras cosas apoyan «el ejercicio del derecho a decidir abortar») arroja cifras que nos pueden dar una idea de las estadísticas de los embarazos adolescentes latinos.

En Latinoamérica, más del cincuenta por ciento de la población tiene menos de veinte años. Más de un tercio de los jóvenes están teniendo relaciones prematrimoniales a partir de los quince años de edad (o antes), y muchos de ellos enfrentan un embarazo no deseado. (Extraído de la página web: *http://www.celsam.org*. Fecha: 31 de octubre de 2003).

¿Qué hacer para evitar los embarazos adolescentes?

Nuestra naturaleza pecaminosa, que nos lleva a vivir la vida a nuestra manera y alejados de Dios, sumada al poco conocimiento bíblico, el relativismo y la pérdida de valores, han derribado las barreras y trasgredido los límites establecidos por Dios y dado luz verde a muchos de nuestros adolescentes para dar inicio a una vida sexual cada vez más precoz.

Los padres y la iglesia debemos ser la principal fuente de formación e información en todas las áreas de la vida de un joven o adolescente… ¡incluyendo el área de la sexualidad! Dios nos ha puesto como atalayas para velar por ellos, y de no hacerlo, otras personas o factores pasan a tomar nuestro lugar y dejamos de ser las principales figuras de autoridad.

«Es que nadie lo hizo conmigo» o «No sé cómo hacerlo» no son razones válidas para evadir el tema, tenemos que capacitarnos e instruirnos. Sería maravilloso escuchar a nuestros pastores y líderes predicar y enseñar sobre el tema de la sexualidad desde la perspectiva de Dios.

Nuestros jóvenes deben saber que es posible vivir una vida en santidad con la ayuda del Espíritu Santo, a quien debemos rendir y someter todos los pensamientos que cruzan por nuestra mente y todo tipo de deseos. Él nos aconseja, guía y ayuda para lograr lo que con nuestras propias fuerzas no podemos: hacerle frente a toda tentación y salir victoriosos.

La verdadera «prueba de amor» —de un amor que tiene paciencia y es bondadoso, nunca obliga a nada ni piensa en sí mismo, todo lo cree, todo lo espera y todo lo soporta— es la abstinencia, el regalo de amor más grande que podamos entregarle a la persona con la que compartiremos el resto de nuestras vidas, en base a convicciones y no restricciones, siendo capacitados por Dios para saber tomar sabias decisiones que no solo afectarán nuestro presente, sino el resto de nuestras vidas. Vale la pena esperar el momento y la persona indicada a fin de después disfrutar plenamente de nuestra sexualidad como parte del «combo creativo» de Dios para nosotros.

Es muy probable que hayan muchas cosas que los adolescentes estén viviendo que no se atrevan a mencionar o no tengan con quién hablarlas. Una conversación a tiempo puede evitar grandes sufrimientos posteriores. Démosles espacio para escucharlos y animémoslos a buscar a Dios y purificar su corazón.

Factores que desencadenan el embarazo adolescente

Los adolescentes tienen las pilas cargadas con energía de sobra, experimentan una revolución hormonal, y nosotros pretendemos solo tenerlos sentados escuchando nuestros sermones.

El mejor modelo de un crecimiento integral sano lo tenemos en Jesús. En Lucas 2:52 dice que él «siguió creciendo en sabiduría y estatura, y cada vez más gozaba del favor de Dios y de toda la gente», así que sigamos su ejemplo. Ayudemos a nuestros chicos a desarrollarse integralmente y estar mejor preparados para decirle que no a la presión sexual. El ocio o la falta de actividades que ocupen su tiempo y los motiven es un facilitador para las conductas de riesgo. Ofrezcámosles entonces las oportunidades necesarias para recrearse, ejercitarse, gastar energía y poner en práctica todos los talentos que Dios les ha dado.

Cuidado con caer en el grave error de decirles velada o explícitamente que hacer «otras cosas» que no se desarrollen dentro de la iglesia es poco «espiritual».

Descubramos a los artistas, músicos, pintores, actores, bailarines, poetas, folcloristas, diseñadores y deportistas que hay dentro de nuestros grupos y animémoslos a perfeccionar los talentos y capacidades innatas con los que Dios los dotó y los hizo únicos. No les cortemos las alas ni los discriminemos, o terminaremos alejándolos del grupo y dejándolos a merced del «mercado». Ellos están en la búsqueda de su identidad, así que ampliemos su campo de acción, porque nos guste o no, encontrarán la forma y el lugar que les permita hacer lo que les agrada de diversas maneras («mundanas» o poco «espirituales», según algunos) con el riesgo de que lo hagan alejados de Dios.

La iglesia puede ser el lugar donde ellos se relacionen con otras personas, donde realicen actividades que les sean placenteras y los hagan sentirse tan útiles, capaces, realizados, aceptados y amados como lo son. La iglesia, su grupo, debe ser un lugar de pertenencia, un lugar que les protegerá de caer en las relaciones sexuales tempranas.

La familia

Antes de ser influenciados por cualquier tipo de información, nuestra primera «escuela de educación sexual» está en nuestra familia, con nuestros padres. Sus actitudes y conductas conforman el modelo que nos trasmiten de manera natural y espontánea. Nuestro comportamiento, la forma de comunicarnos, la afectividad, la sexualidad, así como los principios y valores que se nos inculcan, son adquiridos desde pequeñitos en el seno familiar y en nuestro entorno social más cercano.

¿Cómo se tratan nuestros padres? ¿Cómo ha sido su matrimonio? ¿Son cariñosos, se demuestran amor, se respetan? El ejemplo de vida vale más que mil palabras, y a veces ese ejemplo no coincide con lo que predicamos. La infidelidad, las separaciones y los divorcios están a la orden del día. Cientos de jóvenes crecen en hogares disfuncionales, donde solo uno de los padres está a cargo de su crianza. Esto, entre otras causas, ha hecho que muchos jóvenes no crean en el matrimonio, que sea algo que los asusta. Ellos no logran verlo como el plan perfecto de Dios para formar una familia con la persona que amamos y disfrutar junto a ella de nuestra sexualidad para «toda la vida», eso es demasiado tiempo y ahora todo es pasajero, nada es absoluto. Pareciera mejor «probar» incluso con personas del mismo sexo y disfrutar libremente de una vida sexual sin mayores compromisos.

Abundan los casos de matriarcado, donde la madre ha tenido que tomar las riendas del hogar y ocuparse de la formación de sus hijos, entregándoles mensajes bien intencionados, pero parciales, tratando de protegerlos y ser un modelo para ellos, pero consiguiéndolo a medias. Y no es porque sea incapaz de hacerlo, sino porque esa es una tarea diseñada para una pareja: una madre y un padre unidos en el seno de un hogar.

Dios bendijo a los padres con un rol fundamental en la formación de sus hijos. Es esencialmente el padre quien les proporciona la identidad a sus hijos e hijas. Sus palabras de amor, aceptación y elogio reforzarán la autoestima de los hijos, en especial de las hijas.

Desde muy pequeños y durante la adolescencia, escuchar, ver y recibir palabras de afirmación de nuestro papá será crucial para establecer nuestra identidad y gozar de una sana autoestima. Carecer de un modelo sano y crecer sin el estímulo adecuado de nuestro padre produce un sentimiento de rechazo y afecta nuestra autoestima negativamente.

En las chicas produce una identidad inestable, insegura, y las lleva a buscar el «amor» que no recibimos de papá en los brazos de ese chico que nos seduce con palabras dulces y dice amarnos, de modo que como resultado podemos terminar con él en la cama.

La carencia de un modelo paterno positivo facilita el hecho de no saberle decir que no a la presión sexual y puede conducir a depender en extremo de otra persona (el novio o la novia), a la promiscuidad sexual y al inicio de una actividad sexual temprana.

En el área espiritual, nos formamos una imagen distorsionada de Dios como nuestro Padre. Desconfiamos de él, dudando de su amor y su aceptación incondicional.

Una familia bien constituida —aunque no «perfecta»— donde ambos padres están presentes, es una barrera de contención y protección que ayuda a que los chicos eviten conductas de riesgo, se inicien tempranamente en su sexualidad y terminen en un embarazo.

Apostamos por un ministerio juvenil que cuente con parejas de matrimonios-líderes. Estas pueden ser un ejemplo de «carne y hueso» que les devuelva a nuestros adolescentes la fe y la confianza en el matrimonio y la familia.

Como líderes, también somos los «papás espirituales» de nuestros jóvenes, de modo que podemos ofrecerles el ejemplo que necesitan de un padre enseñando a los chicos a ser hombres y una madre enseñando a las chicas a ser mujeres. Debemos apoyarlos en el área afectiva, reforzar su autoestima y ser el instrumento que Dios use para acercarlos a sus padres biológicos.

Los conflictos en el hogar y la pobreza

Vivir en un ambiente de violencia, alcoholismo, drogadicción, riesgo de incesto (ser violados por sus padres), abuso infantil, así como estar a cargo de sus hogares en ausencia de sus padres, pueden ser detonantes de una iniciación de la actividad sexual y el embarazo temprano en los adolescentes.

En casos como estos, las chicas se embarazan para dejar de cuidar a sus hermanos y porque el hecho de ser madres hace que sus pares las traten como «mujeres adultas».

Frente a la presión de sus compañeros, los chicos inician una vida sexual temprana para demostrar que son «hombres». Mientras que las chicas, con tal de ser «amadas» y «valoradas», terminan cediendo y soñando con que un embarazo será la puerta de salida del caos en el que viven.

La mayoría de las chicas que se embarazan no lo hacen por no conocer de métodos anticonceptivos, sino porque el rol de «mamá» es una alternativa real para realizarse como persona, ya que la posibilidad de cursar estudios superiores y tener una profesión es algo lejano a la realidad en que viven y la ven como inalcanzable.

Las carencias afectivas, el machismo y un sin número de necesidades materiales no satisfechas también son factores que contribuyen al embarazo adolescente.

Los medios de comunicación

Si le preguntas a un adolescente: «¿Dónde obtienes información sobre la sexualidad?», te responderá que a través de los amigos, la Internet, la televisión, las revistas, el colegio, la nana, tal vez mencionen a los padres, y muy rara vez sugerirán la iglesia.

Es normal que ellos dejen de buscar el consejo de sus padres y de contarles todo lo que les ocurre. Sin embargo, es obvio que uno de sus pares, por más bien intencionado que sea, no es el más capacitado ni maduro para ayudarlo a tomar decisiones sabias y aconsejarlo de forma apropiada en el tema de la sexualidad.
El permanente bombardeo mediático al que están sometidos, carente de valores cristianos, ejerce una poderosa influencia sobre los adolescentes. Además, la falta de una buena orientación y educación que les explique las diferencias entre la práctica sexual y la lujuria versus una sana sexualidad acompañada de valores, compromiso, espera y respeto ha convertido a los adolescentes en un grupo extraordinariamente desvalido, sensible y vulnerable.

Las mentiras de Hollywood y una televisión llena de programas transmitidos en cualquier horario con imágenes y contenidos que no dejan nada a la imaginación son permitidas, aceptadas y elogiadas socialmente.

«Para los puros todo es puro, pero para los corruptos e incrédulos no hay nada puro. Al contrario, tienen corrompidas la mente y la conciencia»
(Tito 1:15).

Las relaciones sexuales hoy son parte del variado menú que un chico tiene para elegir, probar y así satisfacer sus necesidades. Para muchos el libertinaje es el «privilegio» de vivir en un país de «mente abierta» y «con libertad de expresión». Sin embargo, lejos de ofrecer «libertad», este bombardeo amarra las mentes de los chicos. Las fantasías, las historias de «amor» a primera vista, los romances idílicos con besos apasionados (que invariablemente terminan en la cama) y los finales felices son la gran mentira que los adolescentes desean experimentar a toda costa.

Lamentablemente, ninguna de esas películas de «amor» (entiéndase pasión o lujuria) mencionan las secuelas que se sufren por vivir tales experiencias fuera del tiempo previsto por Dios, unas consecuencias que los adolescentes no están preparados para enfrentar según su nivel de madurez: embarazos no deseados, abortos, enfermedades de transmisión sexual, interrupción o abandono de los estudios, depresión, y un vacío que nada ni nadie puede llenar salvo Dios.

Sumémosle a todo lo anterior algunas canciones y literatura con mensajes explícitos e incitantes, cargados de sensualidad e inmoralidad sexual, los cuales ofrecen placeres inmediatos, pero pasajeros, devolviéndolos a ese vacío que los lleva a buscar una mayor estimulación para satisfacerse, sin tomar en cuenta el valor de las personas ni tener con ellas una relación profunda.

Y no olvidemos la devastadora pornografía que adquieren en el kiosco de la esquina o con un clic en la Internet, una adicción que tiene cautivos a miles de personas (no solo adolescentes) y contamina la mente y el espíritu, incitándoles a practicar lo que han visto. Esto es una alerta roja para los padres y líderes juveniles, no a fin de dictar prohibiciones y encerrarlos apartados de todo, sino para hablarles del privilegio que tienen de elegir. Que tengan conciencia de los beneficios de hacer sus decisiones bajo las reglas de Cristo, ejerciendo una correcta mayordomía sobre sus cuerpos y tomando conciencia de que sus elecciones tienen consecuencias.

Los medios de comunicación no dudan, ellos han tomado las riendas y están «educando» y «formando» la opinión de nuestros chicos. Si nosotros no hablamos, los estamos dejando a merced de sus mensajes, los que influyen poderosamente para derribar nuestros valores y fomentar la actividad sexual entre ellos.

Establecimientos educacionales y de salud

Normalmente, un chico pasará de nueve a trece años de su vida en un establecimiento escolar recibiendo instrucción. Por lo tanto, los centros educacionales son la fuente más importante de conocimientos formales y los que terminan condicionando la forma de actuar de los jóvenes y su comportamiento en la vida.

Los gobiernos, preocupados por la realidad de los adolescentes, han tomado cartas en el asunto capacitando a sus profesores con programas que les faciliten la tarea de educar a los jóvenes desde el punto de vista sexual. Sin embargo, la educación sexual está orientada solo al uso de anticonceptivos, atacándose así la problemática únicamente desde el punto de vista biológico, dejando a un lado la integralidad del ser humano, y con ello resolviendo el problema desde un solo frente. La mayoría de estos programas son contrarios a nuestros valores, convicciones y fundamentos, ya que están basados principalmente en la anticoncepción (los distintos métodos anticonceptivos y su uso), sin considerar la abstinencia como un valor importante en la formación y cuidado de una sexualidad sana.

Necesitamos programas con valores cristianos que renueven la forma de pensar de los adolescentes, con fundamentos y razones de peso que les muestren los beneficios (físicos, emocionales y espirituales) de saber esperar a fin de que modifiquen su comportamiento sexual (véase Romanos 12:2), no métodos que los animen a practicar abiertamente su vida sexual.

Existen entidades dignas de imitar que han producido un impacto positivo implementando programas de educación sexual en los colegios, cuyo objetivo principal, más que prevenir el embarazo con métodos anticonceptivos, es el de retardar la iniciación sexual de los adolescentes a través de cambios de comportamiento, enseñándoles el respeto por sí mismos y entregándoles las herramientas para resistir la presión social. Un ejemplo de esto es «Teen Star», un programa de Educación Sexual Holística, desarrollado al amparo del Centro de Biología Reproductiva (Cebre) de la U. C. de Chile *(www.teenstar.cl)*.

En Chile, el embarazo adolescente es considerado un problema de salud pública grave, ya que cada año nacen aproximadamente 40.355 recién nacidos vivos hijos de madres adolescentes y 1.175 hijos de madres menores de quince años (www.salutia.com, 30 de marzo de 2009), los que habitualmente corresponden a embarazos no planificados *(http://www.scielo.cl/scielo.php?script=sci_arttext&pid=S0717-75262007000200002&lng=es)*. De este modo, el porcentaje de embarazos adolescentes corresponde en nuestro país a un 14,9% *(www.ine.cl, 30 de marzo de 2009)*.

Actualmente la tasa de natalidad en Chile, una situación que se repite en el mundo, ha disminuido considerablemente, sin embargo, en el único segmento etario en el cual esta situación es totalmente diferente es en los adolescentes. Entendiéndose como un problema de «salud pública grave», se ha comenzado a capacitar al personal de la salud en hospitales y consultorios en el área de la salud sexual y reproductiva del adolescente con la finalidad de ofrecer «consejería», la que en pocas palabras se resume en establecer ciertas instalaciones donde los adolescentes tienen libre acceso a métodos anticonceptivos gratuitos como pastillas anticonceptivas, preservativos e incluso la píldora del día después.

Cómo ministrar a nuestras chicas embarazadas

• Una chica soltera embarazada, lejos de convertirse en el blanco de las críticas, los juicios y la vergüenza, necesita apoyo y debemos acogerla. No se trata de pasar por alto e ignorar su pecado, pero lo primero que debemos hacer es hablar con ella y escucharla. El hecho de haber optado por la vida de su bebé en lugar de recurrir a un aborto (ya sea clandestino o legal) y estar dispuesta a enfrentar un embarazo siendo adolescente y soltera, tiene mérito.

• La muestra de un amor incondicional, en lugar del rechazo, tocará su corazón. Será obra del Espíritu Santo que ella tome conciencia y se dé cuenta de lo que hizo. La restauración de su relación con Dios debe pasar por la etapa de admitir que antes que a los hombres, le falló a Dios. Es a él, en primer lugar, a quien debe pedirle perdón y por quien debe sentirse perdonada. Si Dios perdona sus faltas, con mayor razón debemos hacerlo nosotros y brindarle nuestra amistad.

• Le haremos ver su falta, pero con el ánimo de edificarla y restaurarla, no para condenarla, como suele suceder. Nosotros no somos el Espíritu Santo. Desafortunadamente, tenemos un concepto erróneo en cuanto a la disciplina, de modo que más que corregir una actitud pecaminosa, lo que hacemos es condenar y castigar a las personas, alejándolas de la iglesia. La disciplina debe ser nuestra herramienta para capacitarla para el futuro y no condenarla por el pasado.

• Una adolescente embarazada está sufriendo de una baja autoestima debido al rechazo de la familia y la sociedad en general. Nosotros somos su familia espiritual, así que acojámosla y acompañémosla en su proceso de restauración por medio del pastoreo, la consejería y un discipulado cercano, de modo que pueda tomar decisiones sabias en el futuro.

• Seguramente la relación con sus padres ha sufrido un quiebre, por lo que nosotros podemos ser el nexo que ayude a restablecer esa relación. También debemos acercar a los padres a la iglesia y la consejería pastoral, ya que es cierto que la hija es la que quedó embarazada, pero los padres tienen algo que ver en ello.

• Las chicas son las que muestran evidencias físicas de un embarazo, sin embargo, ¿qué sucede con los chicos? Ellos no puede seguir por la vida como si nada. El bebé que viene en camino también es hijo suyo, y es tarea de ambos asumir la responsabilidad frente a Dios y sus padres, estando dispuestos a tomar las decisiones necesarias para enfrentar su paternidad.

• Los adolescentes (hombres y mujeres) desean disfrutar de los beneficios de ser adultos, pero deben ser consientes de que uno de los grandes pasos hacia la madurez es responsabilizarse de las consecuencias de sus decisiones. Un hijo conlleva una gran responsabilidad. Ambos, o al menos uno de ellos, deberán abandonar o postergar sus estudios y planes, de modo que se sentirán frustrados. No obstante, esto es parte de las consecuencias de una decisión tomada a destiempo.

• Con frecuencia los padres de una adolescente embarazada terminan siendo padres-abuelos del bebé, lo cual podría liberar de toda responsabilidad paternal a los hijos. Velemos para que ellos asuman su rol de padres, ya que a la larga, si ese bebé crece con esa carencia, puede terminar cometiendo el mismo error que sus progenitores.

• La iglesia no es un lugar lleno de santos sin mancha, sino de pecadores que viven bajo la gracia de Dios y buscan obedecer su voluntad. Nosotros no debemos (ni podemos) sacar del grupo de jóvenes ni de la iglesia a una pareja o una chica embarazada. Tener un hijo no convierte a nuestros adolescentes en adultos. Ellos necesitan más que nunca del apoyo, la aceptación y la compañía de sus amigos. El día de mañana, siendo restaurados por Dios, pueden ser un testimonio vivo para sus pares.

Líderes, tenemos una grande y maravillosa tarea por delante. Es tiempo de vivir una sexualidad sana. Dios nos permita hablar a tiempo y ser un ejemplo para aquellos que nos están mirando.

«A los jóvenes, exhórtalos a ser sensatos. Con tus buenas obras, dales tú mismo ejemplo en todo. Cuando enseñes, hazlo con integridad y seriedad, y con un mensaje sano e intachable. Así se avergonzará cualquiera que se oponga, pues no podrá decir nada malo de nosotros»
(Tito 2:6-8).

AGORAFOBIA

JUNIOR ZAPATA

101 PREGUNTAS DIFÍCILES, 101 RESPUESTAS DIRECTAS

LUCAS LEYS

www.especialidadesjuveniles.com

EL ROCKERO
Y LA MODELO

QUE LLEGARON VÍRGENES AL MATRIMONIO.
GIOVANNY OLAYA Y VANESSA GARZÓN

www.especialidadesjuveniles.com

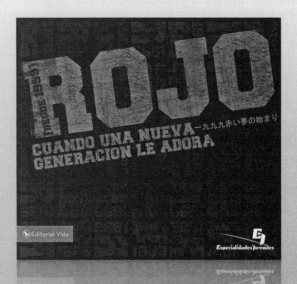

CUANDO UNA NUEVA GENERACIÓN LE ADORA

ROJO

www.especialidadesjuveniles.com

Nos agradaría recibir noticias suyas.
Por favor, envíe sus comentarios sobre este libro
a la dirección que aparece a continuación.
Muchas gracias.

Vida@zondervan.com
www.editorialvida.com